「考えるスキル」を武器にする

戦略プランナー
筧 将英
Kakehi Masahide

フォレスト出版

はじめに

─────・　あらゆる仕事に必要な「考えること」

「明日の打ち合わせに、何かアイデアを持って来てくれない?」

　そんなことを言われた経験はありませんか?

　多くの人が「ある」と答えるはずです。それほど「考えること」は毎日の仕事の中で発生しつづけています。世界中で「明日までに何か考えないといけない……」という人は、今この瞬間にも何百万人、何千万人といることでしょう。

　ビジネスの世界において、「考えること」を専門にする仕事として、真っ先に思い浮かぶ職業はコンサルタントでしょう。彼らは圧倒的な思考力を駆使して、主に企業や経営者たちに向けて高度な分析や経営戦略の提案をするなど「考え」を量産しています。また、書店のビジネス書コーナーに行けば「コンサルタントの思考法」を解説

する本がたくさん並んでいます。

　とはいえ「考えること」は、コンサルタントのような一部の人たちだけの仕事ではありません。

　むしろ、あらゆる仕事において「考えること」は日常的に求められています。それは民間企業でも、公官庁でも、大企業でも中小企業でも、スタートアップ企業でも、個人商店でも、あるいはフリーランスなどの個人でも同じです。

　私は15年間の社会人生活を通じて、世の中には「考えること」が思ったようにできない人や、苦手だと感じている人が多くいることを知りました。

　「『考えること』が好き、もっと得意になりたい」という人はとても少なく、それよりも「『考えること』は苦手（嫌い）、でも仕事だから考えなければならない」という人のほうが圧倒的に多いのです。

　このように世の多くの人たちが「考えること」が苦手だったり、嫌いだったりするからこそ、私のようなストラテジックプランナー（戦略プランナー）やコンサルタントなど、「考えること」を専門とする職種／職業が存在するのです。

　とはいえ、私自身は、考えるときにそれほど高度な思考を駆使しているのかというと、そんなことはありません。

　実は、考える時間の大半は「整理」のために使われます。今ある事象をすべて洗い出し、それらを何らかの目的に沿って整理する。そのうえで少しだけ考察する。それだけで考える仕事として十分に成立しています。

もっと言えば、ちょっとしたコツをつかみ、何回か練習を重ねれば、誰もが「考えること」を仕事を前進させるための「ツール」として活用できると確信しています。

ほとんどの人が社会人になってはじめて「考えること」に取り組む

本書を手に取ったあなたは「考えることが得意になりたい」または、「苦手でなくなりたい」と思っているはずです。それなのに、「考えること」を教えてもらえる機会は人生においてほとんどありません。

「考えること」は、社会に出ると誰もが必ず求められる必須スキルであるにもかかわらず、ほとんどの学校では「考え方」を教えてくれません。
中学や高校では問題の解答を導くための訓練が中心です。また、大学に進学しても、自分なりの主張を考えなければならない「課題」は出されるものの、「考え方」そのものを教えてくれる授業はありません。

その結果、ほとんどの人が社会に出てはじめて、アイデアや企画を考えさせられたり、資料の作成を体験することになります。
しかし、社会人になっても、周りの人たちが「考え方」を手取り足取りわかりやすく教えてくれるわけでもありません。ほとんどの場合、仕事をする中で、先輩が作った企画書や資料を見せてもらっ

たり、作り方を聞いたり、あるいは真似しながら、OJT（オンザジョブトレーニング）的に自然と身に付けていくことになります。

ただし、そのような環境にいては、「考えること」がある程度まではできるようになったとしても、「得意になる」とか「好きになる」というレベルに達するのはかなり難しいでしょう。
そもそも私自身、学生時代はもちろん「考えること」が得意ではありませんでしたし、電通に入社してからの最初の数年間は、先輩の資料を見たり、考えを聞くたびに「すごい！」と感心してばかりでした。

私は、世の中における「考えること」のハードルを下げたいと思っています。限られた優秀な人たちだけが「考えること」ができると思われている今の状況を変えたいのです。

「考えること」を身に付けられれば、仕事に前向きに取り組める機会が増えて楽しくなります。楽しんで仕事に取り組む人が増えれば、世の中はもっと良くなるはずです。少しでもそのサポートができたらと思い、この本を執筆しています。

「思うこと」と「考えること」は似て非なるもの

ほとんどの人は「思うこと」まではできているのですが、「考えること」ができていません。

「思う」と「考える」の違いを図にすると次のようになります。

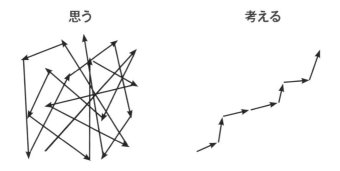

思う　　　　　　　　考える

「思う」は、左の図のように、思考が同じところを何度も行き来していたり、あっちこっちに行き、頭の中の交通整理がされていない状態です。それに対して「考える」は、右の図のように、思考の流れが整理されており、道筋がきれいに通っている状態です。

　あらゆる人は「思う」まではできているので、ちょっとしたコツを学べば「考える」ができるようになります。そして「考えること」を身に付けるのは、それほど難しくはありません。

─────・　この本で伝えたいこと

　遅ればせながら自己紹介をさせていただきます。
　筧 将英と申しますが、私は 15 年ほど総合広告代理店の株式会社電通で「ストラテジックプランナー」という職種／肩書きで仕事をしていました。

「ストラテジックプランナー（戦略プランナー）」という言葉をはじめて聞く方もいらっしゃると思いますので、簡単に説明します。
　電通のような総合広告代理店には数多くの職種が存在しますが、その中でも専門的にマーケティングを担当するのがストラテジックプランナーという職種です。

　具体的には、クライアントのブランド戦略、商品開発、コミュニケーション戦略などを担当し、データ分析をしたり、ターゲットや市場に対する調査をもとに企画／提案をします。

　ブランド戦略や商品開発はわかりやすいと思いますが、コミュニケーション戦略は広告業界の方以外にはあまりなじみがない言葉だと思います。このコミュニケーション戦略は、ストラテジックプランナーの仕事において特徴的なものです。

　コミュニケーション戦略においては、コミュニケーションコンセプトの開発から IMC（Integrated Marketing Communication：統合マーケティング・コミュニケーション）の設計など、マス広告に限らず、ネット展開や店頭 PR なども含めたコミュニケーション／プロモーションの全体像を考える必要があります。
　コミュニケーション戦略の主な仕事は「戦略立案のための調査」「戦略立案」「施策実施後の効果検証」の３つです。

　私は 2021 年に独立・転職しました。
　コミュニケーション戦略／ブランド戦略を得意とするストラテジーブティック「Base Strategy（ベースストラテジー）株式会社」を設立し、企業の戦略策定の支援を行なっています。

また、同時に、広告と芸能のハイブリッドエージェンシーである株式会社 FOR YOU の執行役員 CMO、デジタルコミックエージェンシーの株式会社ナンバーナインの社外取締役に就任し、キャリアにおいて一貫してマーケティング支援を行なっています。

　この本では、これまで多くの大手クライアントやスタートアップ企業のコミュニケーション戦略／ブランド戦略などの提案や、さまざまなプロジェクトの推進を手がけた私自身の経験に基づいて、「広告／ PR ／マーケティングにかかわる人たちが日々の仕事で頭をどのように動かしているのか？」を解説します。

　ただし、すでに広告やマーケティングの世界で十分にキャリアを積んだプロフェッショナルの方たちに向けた内容ではありませんので、あらかじめご了承ください。

**　メインの対象は、まだ経験の浅いマーケターやプランナー、あるい広告業界には属していないが「考えることが得意になりたい」という若手ビジネスパーソンです。**

　たとえば、総合広告代理店やデジタル系広告代理店の新卒から入社 2 〜 3 年目くらいまでの方たち（特にマーケティング、クリエイティブの部門に配属された方たち）。

　あるいは、広告業界ではないが、企画やアイデアを考えなければいけない職種に就いている、あるいは異動／転職したので、「考える力を身に付ける必要がある。でも、どのように考えればいいかわからない……」と、困っている方たちです。

　さらに、就職活動をしている大学生や転職を考えている方で、企画やアイデアを出す仕事に就きたいという方たちも含まれるでしょ

う。

　こうした方たちに、これまで広告代理店に入って OJT を経験しなければ身に付けられなかった、広告プランニングやマーケティング業務における「考えること」の基本をお伝えできればと思います。

　なお、本書の内容は、私が FOR YOU 株式会社の note で連載している記事「戦略プランナーが新入社員に教えること」に詳細な説明、事例紹介、図版、ワークシートを加え、大幅に加筆修正したものになります。

「考えること」を学ぶ3つのステップ

　この本では「考えること」を初級編／中級編／上級編の３つのステップに分けて解説します。

　初級編（第１〜３章）は「頭の外に出す」として、考えたことをアウトプットする方法を説明します。

私自身、仕事で考えなければいけないことの難しさはここにあると思っています。

　よく「発散と収束を分けて考えましょう」といわれますが、「具体的に何をどう発散／収束したらいいのかわからない」という方は多いでしょう。

　しかし、毎日の生活や、仕事に向き合う中で、頭の中にさまざまな考えが蓄積されているはずです。それを頭の外に出すことができればいいのです。初級編では、そのための方法を解説します。

　第1章「『考えること』は『まとめないこと』」では、初心者がやりがちな意味（価値）のないアウトプットをしないためのコツについて。

　第2章「『考えること』は『分けること』」では、私が最も重要だと思っている「分ける」についてお伝えします。

　第3章「『考えること』は『図にすること』」では、言葉だけでは伝わらない、図で伝えることの意味と手法を解説します。

　中級編（第4〜7章）は「付加価値を作る」として、より価値の高いアウトプットを出すためのポイントをまとめました。

　付加価値とは、わかりやすく言うと「新しいもの」「自分以外のほかの人が思いつかないもの」です。企画やアイデアを考える仕事においては、誰もが思いつく「当たり前の考え」には価値がありません。これまで世になかった新しいものを生み出す必要があります。そのためのコツを解説します。

　第4章「『考えること』は『知ること』」では、自分の頭の中から

出せるものの質を上げるために、日々どのようにインプットすればいいのかについて解説します。

　第5章「『考えること』は『違和感に気づくこと』」では、意味や価値がある情報をどのように見つけるかについてまとめます。

　次に、新しいことを生み出していくために、第6章「『考えること』は『仮説を持つこと』」では、価値を生み出すためには仮説を持つ必要があることを、第7章「『考えること』は『課題を作ること』」では、目の前の仕事／プロジェクトを成功させるために乗り越えなければいけない（解決しなければいけない）課題の設定方法を解説します。

　上級編（第8～10章）は「提案性を持つ」です。
　新しいことや付加価値の高いことを考えたとしても、人を動かせなければ実現されず、意味がありません。会社を動かす、プロジェクトを動かす、クライアントを動かすためには、「提案性」が必要です。この本における提案性とは、「驚き」と「納得」があることを意味します。

　納得は比較的作りやすいのですが、驚きを作るには技術が必要です。そのため多くの人が苦手としています。しかし、驚きを作れるようになると、人やプロジェクトを動かすことができ、仕事が格段に楽しくなります。

　第8章「『考えること』は『目標を再設定すること』」では、魅力的な目標やゴールを設定することがチームを動かす力になることを、第9章「『考えること』は『両立させること』」では、陥りがちなトレードオフ（「あちらを立てればこちらが立たず」の状況）を乗り

越えることで、魅力的な提案を作る方法を解説します。

　最後の第10章「『考えること』は『自分を出すこと』」では、自分の意見をどのように提案に落とし込めばよいのか、そして、「なぜ自分の意見を入れる必要があるのか」を説明します。

初級編 頭の外に出す	中級編 付加価値を作る	上級編 提案性を持つ
第1章「考えること」は「まとめないこと」	第4章「考えること」は「知ること」	第8章「考えること」は「目標を再設定すること」
第2章「考えること」は「分けること」	第5章「考えること」は「違和感に気づくこと」	第9章「考えること」は「両立させること」
	第6章「考えること」は「仮説を持つこと」	
第3章「考えること」は「図にすること」	第7章「考えること」は「課題を作ること」	第10章「考えること」は「自分を出すこと」

　各章ごとに、伝えたい内容をわかりやすくするための事例として、私の実体験を盛り込んでいます。

　また、第2、4、6、8、10章の終わりには、私が尊敬する方たちの「考えること」についてのインタビューを収録しました。全員が最前線で活躍するプロフェッショナルです。広告業界にまつわる話が中心になりますが、一流の人たちの考え方は、ほかの分野の人にとっても、きっと参考になるはずです。

マーケティングを学ぶための
おすすめの書籍

　この本でお教えしたいことは、すぐに使える「スキルとスタンスの間くらいの大事なこと」です。

　よって、しっかりしたマーケティングの知識はMBAやほかの書籍などできちんと学んでいただく必要があります。以下に私のおすすめの書籍を紹介するので、こちらもあわせて読んでいただければと思います。

　『たった一人の分析から事業は成長する　実践　顧客起点マーケティング』（西口一希、翔泳社、2019年）

　『USJを劇的に変えた、たった1つの考え方 成功を引き寄せるマーケティング入門』（森岡 毅、KADOKAWA、2016年）

　『手書きの戦略論 「人を動かす」7つのコミュニケーション』（磯部光毅、宣伝会議、2016年）

　『電通現役戦略プランナーの　ヒットをつくる「調べ方」の教科書　あなたの商品がもっと売れるマーケティングリサーチ術』（阿佐見綾香、PHP研究所、2021年）

　『影響力の武器　なぜ、人は動かされるのか』（ロバート・B・チャルディーニ、誠信書房、2014年）

『売れるもマーケ　当たるもマーケ　─マーケティング 22 の法則』（アル・ライズ、ジャック・トラウト、東急エージェンシー出版部、1994 年）

『デジタル時代の基礎知識「ブランディング」「顧客体験」で差がつく時代の新しいルール』（山口義宏、翔泳社、2018 年）

『ブランディングの科学　[新市場開拓篇]　エビデンスに基づいたブランド成長の新法則』（バイロン・シャープ、ジェニー・ロマニウク、朝日新聞出版、2020 年）

『マーケティング企画技術　─マーケティング・マインド養成講座』（山本直人、東洋経済新報社、2005 年）

『アイデアのつくり方』（ジェームス・W・ヤング、CCC メディアハウス、1988 年）

───・　ワークシートについて

　各章の最後にワークシートを用意しました。

　学んだことをすぐに試すことで学びが深まり、スキルを早く身に付けられます。各章を読み終えたら、そのままワークシートに記入するという流れで進めていただけると幸いです。

　なお、ワークシートの PDF は無料でダウンロードしていただけます。詳しくは本書の最終ページをご覧ください。

CONTENTS

はじめに

- あらゆる仕事に必要な「考えること」　1
- ほとんどの人が社会人になって
  はじめて「考えること」に取り組む　3
- 「思うこと」と「考えること」は似て非なるもの　4
- この本で伝えたいこと　5
- 「考えること」を学ぶ3つのステップ　8
- マーケティングを学ぶためのおすすめの書籍　12
- ワークシートについて　13

初級編

頭の外に出す

考えたことを頭の外に出すのは
意外と難しい

第 1 章　「考えること」は「まとめないこと」

- 言いたいことを「簡潔にまとめる」のは本当に正しいのか?　24

- 社会人1年目に資料作成で先輩に怒られた話 　25
- 「質か量か」という議論について 　27
- 「考えた時間」よりも「思考量」が大事 　28
- 〈まとめないコツ①〉
  「思ったこと」と「整理すること」を分ける 　30
- 〈まとめないコツ②〉
  言葉づかいを意識する 　33
- 〈まとめないコツ③〉
  語彙を増やす 　35
- 語彙が多いと網目が細かくなるイメージ 　36
- 「思ったこと」を書き出すのは意外と難しい 　38

第2章　「考えること」は「分けること」

- 「わかる」は「分ける」 　42
- MECEではなく「分けること」を考えよう 　43
- 「分ける」にもいろいろある 　45
- マーケティングのフレームワークも分けているだけ 　48
- 事例：ターゲットの「心理状態の変化」で分けた広告戦略 　50
- 分析にユニークさを盛り込む 　53

Interview

電通　クリエーティブディレクター　**眞鍋亮平**
伝えること（What to say）にこそ右脳的な発想を 　58

第 **3** 章　「考えること」は「図にすること」

- 企画書やプレゼン資料は文字だけではもったいない　64
- 図で整理することから逃げない　66
- 議論を前に進めるために図を描く　68
- 事例：企業の未来を議論するときの図　70
- 概念図は4種類で十分　73
- 二軸図のポイントは「軸の設定」　74
- ベン図で重なりと包含関係を示す　76
- プロセス図で因果関係を表す　77
- ステップ図で変化を表す　78
- 紙と向き合う楽しさを知ったら、勝ち。　79

中級編

付加価値を作る
自分で考えた"新しい価値"を
付け加えることで、はじめて"仕事"になる

第 **4** 章　「考えること」は「知ること」

- 私が若い頃にアイデアを出すためにやったこと　86

- 広告における提案の流れ　87
- インプットの仕方　91
- 短期インプットは「素早く俯瞰し、深く潜る」　92
- 中長期インプットは「特定領域に絞り、体系化する」　95
- 「自分が強くなりたい領域」を決める　97
- インプットの習慣を身に付ける　101

Interview

ADKマーケティング・ソリューションズ　プランニング・ディレクター　**杉浦 充**
考えるための準備を徹底的にやる　106

第5章　「考えること」は「違和感に気づくこと」

- 先輩のクリエイターに「どうやってプランニングしてる?」と
  聞かれたときに浮かんだ言葉　113
- 違和感とは「自分の中の平均値」からの距離　114
- 多くのクライアント、商品／サービスを
  考えたことで身に付けた平均値　117
- 2つの平均値を考える　118
- 事例:違和感で成功した人材／転職サービスの広告戦略　120
- プロフェッショナルは考える前に違和感に気づく　122

第 **6** 章　「考えること」は「仮説を持つこと」

- アイデアには無数の「正解」がある　126
- 仮説は「仮の説」なので、間違いを恐れる必要はない　130
- 仮説を作るステップ　131
- 調査においてすべてのデータを見て
  仮説構築をするのは非現実的　132
- 誰にインタビューしたらよいのか?　134
- 経営層／社員からは「課題仮説」を導く　135
- 現顧客／潜在顧客から「戦略仮説」を導く　138
- 事例:生活習慣病対策サプリの"真のインサイト"　140
- 課題仮説／戦略仮説を検証するのは定量調査　141
- 誰も知らなかった課題仮説を発見する快感　142

Interview

電通　クリエーティブディレクター　**見市 沖**
顔の見える相手に届かせる気持ちで価値を考える　146

第 **7** 章　「考えること」は「課題を作ること」

- 問題と課題の違い　151
- 課題とは何か?　152
- 良い課題は複数の問題を一気に解決に導く　155
- 課題を特定するために「因果関係」を整理する　156

- 良い課題設定は良い戦略を生み出す　160
- 常に「解決しなければいけない課題は何なのか?」に立ち返る　162

上級編

提案性を持つ
提案性が人を動かす

第8章　「考えること」は「目標を再設定すること」

- 仕事やプロジェクトには必ず「目標」がある　170
- 正しく魅力的なゴールを設定することで、チームが動き出せる　173
- 事例：SNSアカウントの運用における目標設定　175
- 定量目標を自社の時間軸だけで設定しない　177
- 定量目標と定性目標の両方を設定する　178
- 良いプロジェクトは、目標が魅力的である　181

Interview

サイバーエージェント　マーケティングディレクター　西 賢吾
クライアントの社内で浸透させる言葉を考える　186

第**9**章 「考えること」は「両立させること」

- ビジネスではトレードオフがよく起こる　191
- トレードオフになっている例　192
- トレードオフを解決するためには、ゲームを変える　192
- 事例：業務向けプリンターのプロモーション　193
- トレードオフを解決するための3つの視点　195
- 〈視点①〉3つ目の要素（変数）を考える　196
- 〈視点②〉自社の課題と他社の課題をぶつける　198
- 〈視点③〉ターゲットが同じ企業やサービスを見つける　199
- トレードオフは、むしろチャンス　201

第**10**章 「考えること」は「自分を出すこと」

- 自分がかかわる意味を作ろう　206
- 能動的な仕事は推進されていく　209
- 本気や熱量に人はついて行く　211
- 自分の視座を上げる必要が出て来る　213
- 世の中について学ぶことの重要性　214

Interview

（つづく）クリエイティブディレクター　東畑幸多
自分の心が動いた記憶を持ち寄る　218

おわりに

- ▪ 「わかりやすく伝えること」が自分の力だった　223
- ▪ 「人間は考える葦である」という言葉　224
- ▪ 「考えること」が好きになると、もっと仕事が好きになる　225
- ▪ 「考えるスキル」は人生の武器だ　226
- ▪ 最後に　226

ブックデザイン … bookwall　　　本文図版制作 … 津久井直美
本文DTP制作 … 近藤真史　　　編集&プロデュース … 貝瀬裕一（MXエンジニアリング）

頭の外に出す

考えたことを頭の外に出すのは
意外と難しい

人は、考えたことをそのまま話したり、書いたりするのではなく、いったん取捨選択してからアウトプットをする生き物です。特に、他人と会話しているときは常に頭を働かせながら、言葉を取捨選択しています。それは周囲の人たちと円滑にコミュニケーションをとるためには必要なことですが、「考えること」においては障害になります。

考えるときは、まずは考えたことをすべて頭の外に出してみることが必要です。ただし、これができるようになるには、ある程度の訓練が必要です。この事実を知っておいてください。
人間の頭の中には、自分では気づかないほど多くのさまざまな思考が駆けめぐっています。しかし、多くの人はそれらの思考をすべて言語化することができていません。

特に「考えること」が苦手な人は、頭の中をめぐっているさまざまな思考をうまく頭の外に出せていません。であれば、まずは間違っていてもいいので、頭の中に浮かんだことを何でもかまわずに、とりあえず頭の外に出してみる。それが「考えること」の一歩目です。
初級編では、その方法を解説します。

第1章
「考えること」は
「まとめないこと」

言いたいことを「簡潔にまとめる」のは本当に正しいのか?

　社会人になると、上司や先輩から「簡潔に伝えることが大事」と教わります。確かに、誰もが自分の仕事で忙しいわけですから、相手の時間をムダにしないためにも、最初に結論を持ってくることで論点を明確にして「簡潔に伝える」ということは大切です。また、人間関係を円滑にするという観点からも、よけいなことを言わず、必要なことだけを簡潔に伝えることは大切でしょう。

　実際、多くのビジネス書を読むと、「報連相など伝えたいことはあらかじめ整理し、簡潔にまとめる」「最初に結論を伝えて論点を明確にする」「要点を3つにまとめる」など、「簡潔に伝える」ことの重要性が説かれています。

　この本がビジネストークやプレゼンテーションがうまくなるための本であれば「簡潔にまとめる」方法をお伝えすればいいのですが、そうではなく「考えること」を身に付けるための本です。そして、**「考えること」においては、「まとめること」は"百害あって一利なし"なのです。**

ほとんどの人が「まとめながら考える」ことができますが、実は
そうすることで「考えること」からどんどん遠ざかってしまうので
す。これは多くの人がやってしまいがちな失敗です。

では、なぜ「考えること」と「まとめること」を同時にやっては
いけないのでしょうか？

社会人1年目に資料作成で先輩に怒られた話

私は、社会人1年目のときに、先輩からこっぴどく怒られた経験
があります。

あるクライアントに提案する資料を作成するサポートをしていた
のですが、先輩からは事前に「資料は言葉をまとめるなよ」と言わ
れていました。そのときは「どういうことだろうか？」と理解でき
ず、下の図のような資料を作りました。

ポイント① 商品の品質は重要	ポイント② 一言で魅力を伝える	ポイント③ お客様の声を訊け
テキストテキストテキストテキスト テキストテキストテキストテキスト テキストテキストテキストテキスト テキストテキストテキストテキスト	テキストテキストテキストテキスト テキストテキストテキストテキスト テキストテキストテキストテキスト テキストテキストテキストテキスト	テキストテキストテキストテキスト テキストテキストテキストテキスト テキストテキストテキストテキスト テキストテキストテキストテキスト

※ただし、テキストテキストテキストテキストテキストテキスト

すると、資料を見た先輩から、「まとめるなって言っただろ！」と、
叱られることになりました。

さて、この資料の何がいけなかったのでしょうか？

おわかりになりますか？

一見わかりやすい資料に見えるかもしれません。ところが、この資料を見てみると、書かれていることは否定はできないけれども、内容にほとんど新しさ（＝価値）がありません。これではクライアントに提案する資料として使い物になりません。

　ある程度経験があれば、こういった資料は何も調べず、何も考えずに書けるでしょう。今であればAIでもこれくらいは書いてしまいます。しかし、それでは意味がないのです。なぜなら、新しい情報がまったくないからです。

　企画の立案者やプランナーの価値は、「それっぽい言葉」を作って並べることではありません。この本では、そうしたことを否定していきます。

　確かに、言葉をまとめることはビジネスパーソンとして必要なスキルではありますが、**まとめる意識は、ターゲット、商品、社会、現象などの本質に迫る際には障害になってしまうのです。**

　先ほどの資料の場合であれば、大文字の部分ではなく、小さな文字で書かれている部分や、下の「※」のところに書かれている注釈など、一見重要でないように見える部分のほうが情報として価値がある。そして、そこにフォーカスを当てた企画書のほうが価値が高いと考えます。

　では、まとめないようにするためには、どうしたらよいのでしょうか？

初級編　頭の外に出す
第1章　「考えること」は「まとめないこと」

────・　「質か量か」という議論について

　「まとめない」とは、「頭に浮かんだことを手あたり次第アウトプットする」「クオリティを気にせず、とにかく書き出してみる／口にしてみる」ということです。これについては、仕事に付きものの「質か量か」という議論もからんでくるので、先に整理しておきます。

　働き方改革が普及することで、「長時間勤務や仕事量が多いのは良くないことだ」という価値観が世の大勢を占めるようになりました。私の前職である電通もこの流れを受ける形で、勤務時間の上限が設定されたり、有給休暇の消化が義務付けられています。もちろん、私自身も長時間勤務は是正されるべきだし、有給休暇はきちんと消化したほうがいいと思っています。

　しかし、そもそもこの問題については、量か質かの二項対立にすることで議論を煽る人が多いので、今のような大げさな話になっている面が大きいと思います（ちなみに、二項対立は議論にしやすいものの、二項対立にすることでかえって課題解決から遠ざってしまう場合が多いので注意しましょう）。

　個人的な結論としては、**量と質を二項対立ではなく、因果関係で捉えるべきだと思っています。つまり、「量をこなすことで質を生むことができる」と考えるのです。**

27

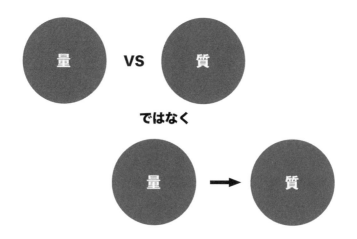

　こんなことを言うと、私が長時間勤務に賛成しているように思われるかもしれませんが、そうではありません。スキルや経験は自分の中に蓄積できるので、ある程度の量をこなし、仕事に熟練すれば、同じ仕事であってもかかる時間は短くなっていきます。

　もしかしたら、よく言われる「若いうちの苦労は買ってでもしろ」という言葉は、そういうことを指すのかもしれません。

── ・ 「考えた時間」よりも「思考量」が大事

　そもそも「量」について正しく理解する必要があります。「量をこなす」といっても、単に長い時間をかけることではありません。**「量をこなす」とは「思考量（考えた量）を最大化する」ということであって、「考えた時間」が長いか短いかは関係ありません。**

　その時どきの集中力に左右されますが、ある事柄について15分間のうちにアウトプットできる量は、人によって大きく異なります。

初級編　頭の外に出す
第1章　「考えること」は「まとめないこと」

おそらく、考えることが苦手な人とかなり得意な人とでは、最大で 100 倍くらいの差がつくのではないでしょうか。

なぜ「考えた量」が重要なのかというと、同じことを考えつづけても意味がないから。実は、「考えることが苦手」と言う人のほとんどは、頭の中で同じことを繰り返し "思っている" だけなのです。

そもそも「思う」と「考える」は別物です。多くの人はこれを知らないから、あるいは同じだと勘違いしているから、考えることが苦手なのです。

では、「思う」ではなく「考える」にはどうしたらよいのでしょうか？
　解決策は「書くこと」です。紙でも PC でもスマホでもよいので、とにかく書く。それだけで、頭の中で思考を堂々めぐりさせることなく、考えられるようになります。なぜならば、人間は同じことを書きつづけることはしないからです。同じことを繰り返し書いてもムダだとすぐに気づきます。

たとえば、「日本の少子化がなぜ起こっているのか」について考えてみてください。まずは、5 分間、頭の中で考えてから、考えたことを紙に書き出してみる。その次は、5 分間のうちに頭に浮かんだことをリアルタイムに書き出せるだけ書き出してみる。

両者の分量を比較してみましょう。

　おそらく普通の人だと、リアルタイムに書き出すほうが３倍くらい多くなったのではないでしょうか。

　もし、「同じくらいの量だった」という方がいたら、その方は「考えること」にかなり慣れている人です。

　このように、「書くこと」で「まとめない」ようにでき、そして「書くこと」で「考えること」ができるのです。

　「考えること」と「まとめないこと」のつながりをご理解いただけたと思いますので、さっそく「まとめないコツ」を紹介していきましょう。

〈まとめないコツ①〉
「思ったこと」と「整理すること」を分ける

　普段人間は、話すことと話さないことを慎重に選びながら話しています。日常の会話においてはこれで問題ありませんし、むしろコミュニケーションを円滑にするための必須スキルともいえるでしょう。もし頭の中で思っていることをそのまま口に出していたら、ケンカが絶えないはずです。

　人は会話する際には、思ったことを頭の中で整理しながら、適切なことを取捨選択しながら、アウトプットしていますが、多くの人は考えるときにも同じことをしてしまっています。つまり、先ほどの「書くこと」で言えば、頭で思ったことをいったん整理してから、

紙に書き出すという順番です。

　実は、これがアウトプットを難しくしている理由です。会話するときのように考えてはいけません。

　自分で思っている以上に、人は言葉を選んでいます。ここであなたにやってみていただきたいことは、頭に浮かんだことを選ばずに"すべて"紙に書き出すことです。もちろん、紙に書くよりもキーボードで入力するほうが速いのあれば、キーボードを使っていただいても大丈夫です。

　思考しているときに頭の中を流れていく言葉をすべて書き出すには少し訓練を積む必要があります。コツとしては連想ゲームをするように頭を働かせていき、浮かんだ言葉を手を止めないでそのまま書き出していくようにします。

　もし、書き出すスピードよりも、頭の動きのほうが速く、書き留めるのが間に合わないという方は、スマホのボイスレコーダーなどに録音して、あとから書き出すのでもかまいません。目的は「書くこと」ではなく、浮かんだ言葉を頭の外にどんどん出していくことです。

　最近は、Google ドキュメントのように声に出した内容をそのま

ま文字起こししてくれるサービスもあるので、そうしたものを活用してもよいでしょう。口に出してみると、普段とは違う発想や考えが出て来ることも多いので、この方法もおすすめです。

　まずは、下の図の左の状態を目指しましょう。

テキストテキストテキストテキスト テキストテキストテキストテキスト テキストテキストテキストテキスト テキストテキストテキストテキスト テキストテキストテキストテキスト テキストテキストテキストテキスト テキストテキストテキストテキスト テキストテキストテキストテキスト テキストテキストテキストテキスト テキストテキストテキストテキスト テキストテキストテキストテキスト	・テキストテキスト ・テキストテキスト ・テキストテキスト

　この作業でやってはいけないのが、正解を目指すことです。間違っているかもしれないけれど、気にせず、まずは頭の外に出す。これが重要です。これを繰り返すことで、書き出せる情報量は増えていきます。

　また、書き出した時点は何のまとまりもありませんが、人に見せるものではないので、気にする必要はありません。考えるための材料を手に入れるつもりで、数多く出すようにしてください。

　このアウトプットの結果を見てみると、多くの情報が含まれていることがわかります。そこから情報を整理したり、考察していけばよいのです。

〈まとめないコツ②〉
言葉づかいを意識する

　言葉のつかい方はその人の個性であり、情報であり、重要なインサイト（潜在的な欲求）がこもっています。

　たいていの人は、他人と話すときに、浮かんだ言葉をそのまま口にすることはありません。耳ざわりのいい言葉に加工したり、わかりやすい言葉や自分がつかい慣れている言葉や仕事でつかう専門用語などに変換してから発言します。特にビジネスの現場ではそうすることが当たり前になっています。

　ただし、考えるときにそれをやってしまうと、頭の中に浮かんだ言葉に含まれる"肝心な情報"が抜け落ちてしまうことがあります。

　例を挙げて説明しましょう。

　次の図は「自動車」についての記述です。左右ともに同じ自動車について記述しています。しかし、両者は情報としてまったく意味が異なることがおわかりいただけるでしょうか。

情報として大きく意味が異なる

　自分の頭の中に浮かんだ言葉を外に出すときもこのことを意識する必要があります。**まとめようとはせず、"自分なりの言葉"をつかうようにしましょう。**

たとえば、似たような表現であっても、「サッパリ」と「スッキリ」では、意味は大きく異なります。

　考えたことを外に出していく過程で、一般的にあまり使われない単語を消してしまうと、個性が弱くなってしまうため、そのまま書き出すようにします。そのあとで「なぜ、このような言葉をつかったのか？」の意味を考え直すことが重要です。
　言葉をきれいに整理する作業はあとからできるので、まずは浮かんだ言葉をそのまま書き留めることを心がけましょう。もちろん、録音してから文字起こしする方法でもかまいません。

　また、仕事としては、実はこちらのほうが重要なのですが、マーケティング戦略／施策を考えるステップにおいて、ステークホルダー（関係者）やターゲットユーザーなどにインタビューすることがよくあります。
　こうしたインタビューの際にも、相手がつかった言葉を自分の言葉に言い換えず、そのまま書き留めることが重要です。なぜなら、相手の生の言葉自体に、多くの意味が含まれているからです。

　たとえば、車を購入する人にインタビューする際に「家族がいるから5人乗りの車が欲しかった」という言い方と、「家族で乗れる車が欲しかった」という言い方では、意味は大きく異なります。しっかり注意していないと、無意識にこうした情報を削ってしまったり、自分なりに加工してしまうことが起こりがちです。

　「5人乗り」は、家族だけでなく、友人や知人とのレジャーなどで使用することもを想定しているかもしれません。また、「家族で乗

れる車」も想定しているとしても、それが2世代なのか3世代なのかで意味が異なってきます。

　言葉をまとめてしまうと、こうした意味が抜け落ちてしまうのです。人間は思っているよりも忘れっぽい生き物なので、そのときの言葉づかいを正確に記録することが大切です。

　このように**言葉づかいを意識する、そのまま記録することで、まとめないようにすることができます。**

〈まとめないコツ③〉
語彙を増やす

　人は自分が知っている言葉をつかって、物事や現象を理解する生き物です。

　知らない言葉は理解できません。知らない言葉をつかって何かを説明されても、単に「よくわからないもの」「理解できないもの」と認識します。その結果、情報として使うことができませんし、その言葉を聞いたこと自体も忘れてしまいます。

　しかし、これを逆に言えば、**「知っている言葉が多いほど、理解できることも多くなる」**ことでもあります。つまり、語彙を増やすことで、理解できることを増やせるのです。結果、世の中のことをより多く、より正確に、より深く認識できるようになります。つまり、語彙が増えると「世界を見る解像度が上がる」のです。

　英語の勉強を例にするとわかりやすいでしょう。
　基本的には、覚えた英単語の数が増えるほど、長い英文を読める

ようになりますよね。反対に知っている単語数が少ないと、知っている単語から文章の意味を推測することしかできないため、読み取れる内容も少なくなってしまいます。

語彙が多い人は世の中を認識する解像度が高い

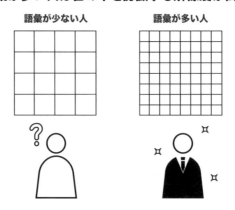

語彙が少ない人　　　　　語彙が多い人

語彙が多いと
網目が細かくなるイメージ

　英語の勉強に限らず、仕事や日常生活においても同じです。自分が知らないこと、よくわからない現象を理解するためには新しい言葉を覚えたり、語彙を増やしていく必要があります。繰り返しになりますが、語彙が増えると世の中のことをより多く、より正しく認識できるようになります。

　先ほどの「言葉づかいを意識する」こととつながっていますが、あなたが考えたことや思ったことを適切に表現するときに、語彙を

豊富に持っているととても有利です。

　ムリして、普通の人になじみのないマイナーな言葉をつかう必要はありませんが、少なくとも、一般的につかわれている言葉については正しく理解しておく必要があります。また、日々新しい概念や言葉が生まれ、Web メディアの記事や SNS などでつかわれるので、日ごろからチェックして、新しい概念や言葉を理解し、取り入れるように心がける必要もあります。

　辞典や辞書を使って語彙を増やすこともできます。今は電子辞書や Web 上の辞典／辞書がたくさんあるので積極的に活用したいところです。

　たとえば、新しい言葉や知らない言葉に出合ったときは、何となく知った気持ちになって終わりではなく、しっかりと調べて理解するようにします。

　また、このときにその言葉だけを理解するのではなく、同じような意味を持つ別の言葉、あるいは正反対の意味を持つ言葉など、関連する言葉をいくつか同時に理解すると、語彙が増えるだけでなく、より体系的に言葉をつかえるようになります。それには、類義語辞典や反対対立語辞典などを利用するとよいでしょう。

　また、言葉をインプットしたらすぐにつかうようにすると、頭の中に定着しやすくなります。ですから、**仕事で知らない言葉が出て来たら、すぐに意味や用法、関連語などを調べて、「理解できた」と思ったら、すぐにつかってみるのです。**

　たとえば、周りの人との会話やメールに織り込んだり、SNS やブログなどで発信するときにつかうようにします。こうした一連の流れを習慣化できたら、語彙力はどんどんアップするでしょう。

「思ったこと」を書き出すのは
意外と難しい

「考えること」を仕事にしているとよく感じるのですが、自分が何となく感じたこと、思ったこと、考えたことを書き出したり、言葉にすることは、意外と難しいのです。15年以上、「考えること」を仕事にしているにもかかわらず、苦労することがあります。

「いい考えが浮かんだ！」と思っても、文章に書いて読み返してみると、何の発見も新しさもないことに気づくことがあります。そんなときは、「自分の頭は何で新しいことが考えられないのか……」と落ち込みます。

しかも、頭の中で考えたことはその場ですぐに外に出さないと、どこかに行ってしまい、あとから思い出せないこともしばしばあります。

寝る前にすごいことをひらめいたものの、「明日書き出せばいいや」と思い、そのまま寝てしまい、翌朝になったら「まったく思い出せない……」といった具合です。

「人間なんてそんなもの」と開き直ってしまうのは簡単ですが、正直すごくもったいないので、そんなことにならないためにも、この章でご紹介した**「考えたらまとめないで、そのままの状態（言葉）で頭の外に出す（＝書き出す or 録音する）」を習慣化していきましょう。忘れないだけでなく、価値の高いアウトプットを出せる確率も上がります。**

ワークシート (40〜41ページ)

　あなた自身のテーマ、仕事で扱っている商品／サービスに対して、感じていること、課題だと思っていること、改善したほうがいいと思うこと、提案したいことなどを、次の2通りの方法でアウトプットしてみましょう。

〈方法①〉5分間、思いついたことをできる限りたくさん書き出してみる（紙、PC、スマホのいずれも可）

〈方法②〉5分間、話して、Googleドキュメントの音声入力で文字起こしさせる

　この2つを終えたら、どちらのほうが思考量が多いかを比べてみましょう。重要なポイントは、文字量を比べるのではなく、考えた量、思考した量、使えそうな情報の量を比べることです。

　実際にやってみると、〈方法①〉よりも〈方法②〉のほうが思考量は多くなると思います。先ほども言いましたが、〈方法①〉と〈方法②〉の思考量が同じという方は、考えたことを頭の外に出すのにかなり慣れている方です。

　まずは、「考えたことを頭の外に出すことは難しい」と知っていただくことが大切です。1回やったあとは、自分がやりやすい方法で頭の外に出す訓練を続けてください。

テーマ 「⌐   ⌐

方法①　5分間、紙かパソコンでできる限り量を書き出してみる

**方法②　5分間、Googleドキュメントの音声入力で話して、
　　　　文字起こしさせる**

テーマ「　　　　自分の仕事への取り組み方について　　　　」

方法①　5分間、紙かパソコンでできる限り量を書き出してみる

- 課題として、打ち合わせが多く、準備の時間が日中にとれないため、朝や夜、休日にやらざるを得なくなっている。
- インプットの時間を多くとることができず、新しい情報やマーケティングの体系化を十分にできていないと考えている。
- それに対して改善策が打てていないのが問題点。
- 現実的には、社員の採用と育成であり、短期的には難しいが中長期的に解決をしていかなければいけない。
- 目標としては日中の打ち合わせ時間が8割だが、それを6割程度に減らしたい。
- 現実的には、短期的には難しいが、中長期的には社員の採用と育成で解決していく必要がある。
- 短期的な打ち手としては、打ち合わせを1時間ではなく45分として15分間で骨子の部分を完成させることを考える。

方法②　5分間、Googleドキュメントの音声入力で話して、文字起こしさせる

- 自分の仕事の向き合い方としては忙しすぎてなかなかコントロールできていないことが一番大きいと思っています。
日中の打ち合わせの割合はほぼ朝10時から夜の7時まで打ち合わせで埋まっていて、その中で30分空いたり、5分空いたりとかできるだけ処理していますが、その結果朝や夜終わったあと、休日に資料作成をするということが常態化していますが、これを改善していきたい。
- 改善策としては現実的に打ち合わせの数を減らすということがあります。自分が必要がない打ち合わせには参加しないこと。あとは、打ち合わせの時間を30分か45分にすること。1時間必要のない打ち合わせは30分にする。1時間必要そうなものは45分にして残りの15分で必要なことをまとめる。それがまず徹底できていないのでやりきること。
- 長期的には仕事をまかせるということになってくるので、採用と育成。自分がやっているような業務ができる社員を採用するということ、自分がやれることができる社員を育成していくことをやっていかなければいけない。また、社外のメンバーや協業できる会社を探していくことも重要です。ほかにも、よくある業務についてはオペレーションを作り時間を減らすことはやっていかなければいけません。これが実現できていなければ、権限委譲できず、会社が大きくなっていかないからです。
- 取り組めない理由としては、自分自身がこの仕事が好きだというところがあるので重要な案件に関しては入るがそれ以外は入らないことを徹底しなければいけないと思っていますが実際には難しく、現場の仕事の舵取りをしながら採用・育成にトライせざるを得ない。
- 現実的に優秀な人が取れればいいというのが理想像ではあるもの、全体戦略の中で人を採用すること自体がボトルネックになるのであれば、そうではない方法を考えなければいけない。このあたりは戦略を考える際の人的リソースの獲得についてどのように考えればいいのかというところは外部の方にも聞いていきながら最善策というものを考えていきたい。

第**2**章
「考えること」は
「分けること」

────・ 「わかる」は「分ける」

　私は、この章でお伝えする **「分けること」こそ、「考えること」**
の最も基本になるものだと考えています。
　適切に「分けること」ができるようになれば、それだけで価値が
ある分析や考察ができるようになります。つまり、「考えること」を
武器にできるのです。

　クライアントに提案する際や、多くの人を動かすためのプレゼン
テーションをする際は、聞いている人たちに新しい情報を提供し、
納得してもらう必要がありますが、そのためにはまず「わかっても
らう」ことが必要です。
　そのためには、情報をただ羅列して伝えるのではなく、意味のあ
る形に変えて、相手に「わかる」ように伝えなければいけません。

　「わかる」の語源は次の通りです。

わかるは、「わける（分ける）」と同源。混沌とした物事がきちんと

分け離されると、明確になることに由来する。わかるに似た意味を
もち「分ける」に通じる言葉には、「理解」「区別」「判別」「分別」「こ
とわり・ことわる」「わきまえる」など多くある。

出典：「語源由来辞典」（https://gogen-yurai.jp/wakaru/）

　**つまり「わかる」とは「分ける」ことです。相手が「わかる」よ
うにまず「分ける」。それが「考えること」の出発点なのです。**

　たとえば、いきなり「考えろ」と言われても、「どうやって頭を
動かせばよいのかわからない……」という人がほとんどでしょう。
でも、「まず分けてみてください」と言われたら、どうでしょうか？
とても取り組みやすいと感じませんか？　この取り組みやすさが重
要です。

　「考えること」を苦手に感じている人の大半は、「考えること」のハー
ドルを上げすぎているのです。

　この章で提案したいのは、「考えること」に簡単に取り組めるよ
うにするために、まずは「分けること」からやってみましょうとい
うことです。

─── MECEではなく「分けること」を考えよう

　では、どのように分ければいいのでしょうか？

　分けるときの1つの考え方として、ロジカルシンキングなどで使
われる「MECE（ミーシー）」という概念があります。次のような意
味です。

「Mutually Exclusive and Collectively Exhaustive」の頭文字
を取って略した言葉。各単語は以下のように訳されます。

・Mutually：互いに、相互に
・Exclusive：重複せず、被らず
・Collectively：まとめて、全体に
・Exhaustive：漏れなく

つまり、直訳すると「互いに重複せず、全体として漏れがない」と
いう意味になります。日本語に翻訳する場合には、「漏れなく、ダ
ブリもない」となるケースが多い。

MECE について

漏れあり・ダブリあり

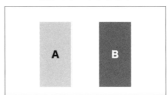

漏れあり・ダブリなし

漏れなし・ダブリあり

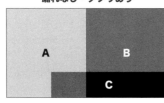

漏れなし・ダブリなし（MECE）

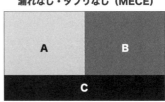

出典：ワンマーケティング「MECE（ミーシー）とは」
https://www.onemarketing.jp/contents/mece-re/

もともとはコンサルティング業界で使われていた「漏れなくダブ

りなく分ける」を表す言葉です。現在では、多くのビジネス書やネット記事などで紹介され、広く知られています。

　ですが、実を言うと私は MECE があまり好きではありません。というのも、MECE が分けること自体や、分けるためのフレームを提供してくれるわけではないからです。

　MECE はどちらかというと、「抜け漏れやダブりはないか」に気づくための概念です。

　たとえば、実際のビジネスシーンでは、うまく情報が整理できていない（＝ MECE ができていない）話に対して、「これは MECE になってないよ」と指摘するときなどに使います。

　つまり、MECE の状態にするためには、まず自分の頭を使って「分ける」必要があります。MECE という言葉が分けてくれるわけではないのです。

─── ・ 「分ける」にもいろいろある

　「分ける」と言っても、「そもそも何をどう分けたらいいのかわからない……」という方は多いでしょう。ですが、あまり難しく考える必要はありません。

　たとえば、あるコーヒーを提供しているお店をさまざまな切り口で分けてみます。

①お客様を２種類に分けてみる
例：新規のお客様とリピーターのお客様

②お客様が商品を使うときのシーンを分けてみる

例：お店の中でコーヒーを飲むのか、それともテイクアウトしてコーヒーを飲むのか

③商品の愛され方を分けてみる

例：コーヒーの味で愛されているのか、それとも店内の雰囲気や接客で愛されているのか

④商品の口コミのされ方を分けてみる

例：コーヒーや店内を撮影した写真付きの口コミと、テキストだけでコーヒーのおいしさや接客の良さなどをホメている口コミ

⑤競合商品を分けてみる

例：近くにあるコーヒーショップと、それ以外の時間をつぶせる場所

⑥自分がその商品が好きな理由を分けてみる

例：「商品が好き」「店内の雰囲気が好き」「お店の立地が好き」など

⑦分けたものを、もっと分けてみる

例：⑥の「商品が好き」を、「コーヒーが好き」「コーヒーと一緒に合わせて食べるクッキーが好き」などに分ける

　いかがでしょう？　これくらいなら自分にもできそうだと思いませんか？

　まずは「簡単にできそう」と思うことが大事です。

「いきなり分けるのは難しい」と思ったら、まず「分けたいもの」を洗い出し、列挙してから、分けるというステップでやってみましょう。 下の図では、まず○と☆を列挙して（左）から分けています（右）。

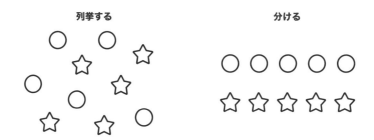

そして、分けたものに対して適切な言葉のラベルを付ければ、それはすでに「分析」であり、「なぜそのような分け方になっているか？」を考えれば、それが「考察」になります。

この図では、○に「丸」、☆に「星」というラベルを付けました。これが分けたあとの分析です。そして、分析した結果に対して「形状が異なるものが存在する」という結論を出したのが考察です。

基本的には、「分ける」ということはこれくらいのことしかして

いません。もちろん、扱うものが２種類ではなく５種類、10種類、あるいはそれ以上だったり、考察の方向性や切り口などにもさまざまな可能性があるのですが、やっていること自体はとてもシンプルなのです。

マーケティングのフレームワークも分けているだけ

　さて、誰もが簡単に取り組める「分ける」を説明しましたが、次にお知りになりたいのは「これをどうやって仕事に応用すればいいのか」だと思います。実は、世に知られるさまざまなマーケティングのフレームワークも考えようによっては「分けているだけ」とも言えるのです。

　有名なマーケティングフレームをいくつか紹介しましょう。

①カスタマージャーニー……顧客の行動で分ける

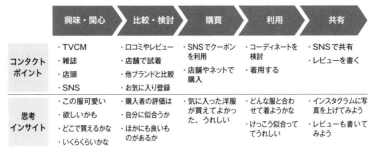

20代女性の服の購入におけるカスタマージャーニー

	興味・関心	比較・検討	購買	利用	共有
コンタクトポイント	・TVCM ・雑誌 ・店頭 ・SNS	・口コミやレビュー ・店舗で試着 ・他ブランドと比較 ・お気に入り登録	・SNSでクーポンを利用 ・店舗やネットで購入	・コーディネートを検討 ・着用する	・SNSで共有 ・レビューを書く
思考インサイト	・この服可愛い ・欲しいかも ・どこで買えるかな ・いくらくらいかな	・購入者の評価は ・自分に似合うか ・ほかにも良いものがあるか	・気に入った洋服が買えてよかった、うれしい	・どんな服と合わせて着ようかな ・けっこう似合っててうれしい	・インスタグラムに写真を上げてみよう ・レビューも書いてみよう

②クラスター分析、③ポジショニングマップ……2軸で分ける

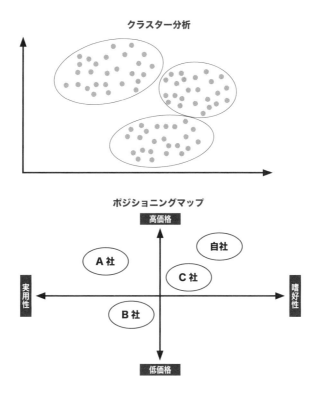

①～③を詳しく解説しましょう。

①カスタマージャーニー

　サービスのターゲットの行動を時系列で整理していく手法です。つまり、行動で分けています。主に「ターゲットとの接点をどのように作るか」を考えるときに用いられるため、広告施策や店頭接点などを網羅的に整理することに向いています。

②クラスター分析

市場全体におけるターゲットをある程度の固まりで分けるための手法です。あらゆる商材に利用できますが、日用品などよりも、アパレル製品のような顧客の嗜好性やライフスタイルによって差が現れやすい商材に使うことに向いています。ただし、統計的な手法が必要になるので、手作業だけでやるのは難しいです。

③ポジショニングマップ

自社商品と競合商品をブランドポジションの違いで分けたものです。クラスター分析が人を分けているのに対して、こちらは商品を分けています。

要は、マーケティングフレームをはじめとする世のすべての分析手法は、何らかの意図に基づいて情報を分けただけのものです。ですから、「分ける」能力を高めることができれば、あらゆる物事を整理／分析できるようになれるのです。

事例：ターゲットの「心理状態の変化」で分けた広告戦略

ここで私が以前手がけた「分けること」の事例をご紹介します。前職時代に転職サービスを提供するある企業を担当したときの話です。

この企業は、ビジネスパーソンが転職活動をするときに利用する

サービスを提供しています。広告コミュニケーションの与件は、「このサービスを利用するユーザーを増やしたい」ということでした。

　私は、広告戦略を考えるにあたって、まずは、ターゲットを分けてみることを考えました。なぜなら、誰をターゲットにした広告にするかを決めることは、戦略を立てるうえで非常に重要だからです。

　普通に考えると、転職サービスを利用するターゲットの設定は、次のような分け方になると思います。

・現在、転職活動をしている人
・近いうちに転職活動をしようと思っている人
・転職活動をしていない人

　このときは、「もっとリアリティを盛り込んでターゲットを分けてみたい」と思い、下の図のようにターゲットの心理状態の変化で分けることを考えてみました。

転職に至る心理状態の変化

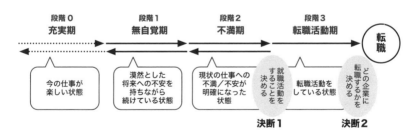

この図をご覧いただければおわかりになると思いますが、私が考えたのは「転職活動をする前にはいろいろな心理状態がある」ということです。

　このときに設定したのは次の4つの心理状態です。

①仕事が充実していて転職のことなんて思いもしない"充実期"
②何となく漠然とした不安を抱きながらも、まだ転職活動までは考えていない"無自覚期"
③明らかな不満や不安を感じている"不安期"
④実際に就職活動をはじめた"就職活動期"

　このように整理すると、充実期、無自覚期、不安期の3つは、気持ちが行ったり来たりしているのが常だということがわかります。また、このように分けることで、「転職サービスをどのタイミングで、どのように伝えることが利用につながる可能性が高いのか」を考えることに集中できるため、戦略を練りやすくなります。

　たとえば、次のように考えられます。

　まず、「今の仕事が楽しい」充実期の人は、差し当たりターゲットとして設定しなくてもよいかもしれません。

　また、「漠然とした不安を抱いている」無自覚期の人に対しては、「あなたは今のままでいいと思っているのですか？」と疑問を投げかけるコミュニケーションが適しているでしょう。

　そして、「不安が明確になっている」不安期の人には、「一度、転職を検討してみませんか？」と強めにメッセージするべきです。

　この分け方をしたことによって明らかになったのは、転職活動に

は2種類の決断があるということでした。

「転職活動をする」という「決断1」と、「どの企業に転職するか」を決める「決断2」です。この2つの決断を良い形でサポートするのが、サービスの価値であると定めることができます。

　あくまで1つの事例ですが、ターゲットを従来の分け方で整理するのではなく、心理状態で分けることで、それぞれの状態にいる人に対してどのようなアプローチをするべきかを考える際のベースとすることができました。

　これはとりたてて高度なことではなく、ただ"分けている"だけです。「この程度なら自分でもできそうだな」と思いませんか？

　まずは、いろいろな視点で分けてみる。そこからはじめてみましょう。

─────── 　分析にユニークさを盛り込む

　これまでいろいろな分け方についてまとめました。

　最初は見よう見真似で、事例などを参考にしながら、自分なりに分けてみることからはじめるのでいいと思います。とにかく「分けること」に慣れるのが先決です。さまざまな分け方を試すうちに、自分が得意な分け方や、自分の仕事に適した分け方が身に付いていくでしょう。

　さて、「分けること」において、最もユニークで価値が高いのは「自分で分け方を作ること」です。

そうすることでクライアントに新しさや驚きを感じてもらえるので、私はプレゼンテーションのキラースライドには、オリジナルの新しい分け方を入れることを心がけています。

　先ほど紹介した、転職活動における意識変容に基づく分け方は、そのままではありませんが、実際にプレゼンで使用して、クライアントのご担当者に高く評価していただくことができました。

　ただし、「自分で分け方を作る」といっても、完全に新しいものをゼロから作り出す必要はありません。通常の分け方を少しアレンジすれば十分です。

　広告プランニングをしていると、施策のアイデアを考えることに比重を置きがちになります。しかし、多くのクライアントにとっては、アイデアが面白いかどうかは二の次です。それよりも「より良いマーケティングを行なって売上を上げたい」と思っています。

　そう考えると、**アウトプットの内容を考えることも重要ですが、それと同じくらい分析／考察のスキルを伸ばすことも重要であるとわかるはずです。**簡単なところからはじめればよいので、自分なりの分け方を身に付けましょう。

　私の経験ですが、上記のような分析のパートで、ユニークで驚きのあるアウトプットを出せたときに、クライアントのご担当者に「筧さんと一緒に仕事をしてよかった」と言われたことがありました。ですから、ここにトライすることの価値は大いにあると確信しています。

ワークシート (56〜57ページ)

あなた自身のテーマや、仕事で扱っている商品／サービスのユーザーやターゲットについて、行動で分ける（カスタマージャーニー）ことをしてみましょう。

出来上がったものを同僚や友人などに見せてフィードバックをもらいましょう。たとえば、「どこに違和感があるのか」「どこが賛同できるのか」など。

また、複数人で一緒にワークに取り組む場合は、分け方が異なる部分を探して、「なぜ自分はそのように分けたのか」を説明し合いましょう。

方法①　行動で分ける（カスタマージャーニー）

「　　　　　　　　　　　　　　　　　　　　　　」におけるカスタマージャーニー

興味・関心	比較・検討	購買	利用	共有

コンタクトポイント

思考インサイト

方法① 行動で分ける（カスタマージャーニー）

「 **20代女性の服の購入** 」におけるカスタマージャーニー

興味・関心	比較・検討	購買	利用	共有
コンタクトポイント ・SNS ・店頭 ・雑誌 ・TVCM ・お気に入り登録	・他ブランドと比較 ・店舗で試着 ・口コミやレビュー	・店舗やネットで購入 ・SNSでクーポンを利用	・着用する ・コーディネートを検討	・レビューを書く ・SNSで共有
思考インサイト ・いくらくらいかな ・どこで買えるかな ・欲しいかも ・この服可愛い	・ほかにも良いものがあるか ・自分に似合うか ・購入者の評価は	・気に入った洋服が買えて よかった、うれしい	・けっこう似合っててうれしい ・どんな服と合わせて着ようかな	・レビューも書いてみよう ・インスタグラムに写真を 上げてみよう

Interview

電通クリエーティブディレクター
眞鍋 亮平

伝えること（What to say）
にこそ右脳的な発想を

眞鍋さんは、普段どのように考えていますか？

「真面目ゾーンと遊びゾーンで考える」という方法です。まずは「真面目ゾーン」で、伝えたいこと（What to say）を真面目に考えて確定させる。そして「遊びゾーン」で、伝え方（How to say）としてぶっ飛んだことを考える。完全に２つの脳みそを切り替える方法でやっています。

クリエイティブの人は、早めに表現を考えたくなってしまうのですが、伝えたいこと（What to say）がブレていると、土台がしっかりしていないまま、ジャンプしようとするのと同じだから、あまり高く飛べないし、中途半端な表現になってしまいます。そもそも、クライアントにとって良い What to say ではないのに、How to say を考えるのは良くないと思っていて……、だから、ずっとそれをやっていたんですね。

でも、クリエイティブディレクターになってから、伝えたいこと（What to say）を考える際にも、「遊びゾーン」というか、右脳的な脳みそが必要になってきたなと感じています。

それはどんな変化があったからですか？

それは「魅力的な伝えたいこと」から発見しないといけない時代になってきたということです。これまではクライアントからのオリエンテーションの延長線上で、「伝えたいこと（What to say）をCM15秒で言えばいいですか？」という整理でよかったものから、伝えたいこと自体を、クライアントと一緒に考えないといけない時代になったと思っています。
そうなると常に「真面目ゾーン」と「遊びゾーン」を行ったり来たりするようになったというのが今の段階で、そこを確定するのがクリエイティブディレクターの仕事なのかなと。

土台のディレクションが間違ってしまうと、スタッフの人たちの時間とか労力とかをすべてムダにしてしまうから、そこに時間を割いていますね。

すごく理解できます。「売上を上げたい」という話がきても、その担当者自身がワクワクしていないと、担当者もチームもワークしません。ですからそんなときは、「目標の再設定をしましょう」「魅力的なゴールを決めましょう」と話すことがあります。

「魅力的なゴールを決める」のは正しいと思います。要は「最終的にこの山を登る仕事だよ」というのを、チームにも伝えるのが大事

かなと。

クリエイティブディレクターになってから、古川裕也さん（元電通エグゼクティブ・クリエーティブ・ディレクター）の仕事に参加するようになって学んだことなのですが、古川さんに「僕らの仕事って、ここまで行ける仕事だよ」ということを最初に言われるんです。「そんなに高い山を登れる仕事なのであれば、自分のリソースの中のこれくらいを割かないとダメだな」と思わせる力がある。だから、ワクワクするし、アクセルを踏むし、「自分の限界を超えないと、あの山を登れないな」となるから必死に食らいつく。

その感じが筧くんが今言ってくれた、クライアントも、作り手の人たちもワクワクできるゴール設定と、そのゴールのバックキャストとしてのコアアイデア。この両輪はすごく大事だなと思う。

ちなみに、古川さんはどうやって高い山を設定することが多いんですか？

たとえば、「人類にとってこういうところまでやらないといけない仕事です」とかなんだけど、そこを言語化するのがうまいんだよね。

主語が大きいですね！

そうなの、ほんと大きいのよ。大きいから、視座が上がる。「これを売ろう」とか、「商品を好きになってもらう」ということから考えはじめようとしていたけれど、「ああ、そんなに高い山を登る仕事だったんですか、これは……」みたいになるんだよね。そうなると、アプローチとか発想法から変わるし、必要なインプットも変わ

ってくるんだよね。

**クリエイティブディレクションの妙ですね……、今の話はなかなか
真似するのは難しいかもしれませんが、「若い人はこのように学ん
だらいい」などといったことがありますでしょうか？**

若い人たちに、「タコ足打法」という話をしています。今は領域が
多岐に渡っているじゃない？　広告でもそうだし、クリエイティビ
ティって、いろいろな業界から「欲しい」と言ってもらえる時代で
はある。その意味で僕らに有利な時代になってきたなとは思ってい
るんだけれど、一方でだからみんな目移りしてしまうんだよなと。

だからこそ、若手にアドバイスしているのは、「習得するのに時間
がかかるスキルや技術に、1つでもいいから地道に投資すべきだ」
ということです。そうしないと、どれもが30点の中途半端な人に
なってしまう。それが一番危ないことだと。

コピーライティングやアートディレクション、映像プランニング、
筧くんがやっている戦略プランニングは、1人前になるまで10年
かかるじゃないですか。だから、若い人には「10年かかる技術と
かスキルに時間を投資すべきだ」ということをアドバイスしていま
す。プロとしてのスキルが60～70点になってから複数領域にタコ
足展開できれば、意外と勝負になったりする。でも、「30点のうち
にタコ足にするなよ」ということかなと。

理想を言うと、90点まで行ける人はそれだけでプロとして食える
のね。だから、まずそこを目指せと。「一番好きなこととか得意な

ことで、90点をまず目指すのを10年やれ」と。「それを極められ
るのであれば、その領域のプロフェッショナルになればいいし、ダ
メならタコ足にすることもできるよ」とアドバイスしています。実
際に、コピーライティングとか戦略プランニングのプロは、その1
つの領域で一生食えるのよ。だから「キミは、そのスキルで、一生
食えるか」と言う。

**90点とか100点を目指さないと、そもそも60点とか70点にも
ならないですしね。**

そうなのよ。で、挫折して、俺みたいに90点を目指したのに、ダメで、
泣く泣くタコ足にするくらいでちょうどいいかもね。

**なるほどです。僕も紆余曲折あって、結局、ストラテジックプラン
ニングが得意だなと行き着くまでに、10年かかりました。**

3年で得られることって、すぐにコモディティ化するから、そのプ
ロだと思っている土台はゆるゆるだし、それだと、数年しか食えな
いよと。ただ、一本の軸になるものを決めるまでは、けっこう慎重
に選んだほうがいいかもね。何せ、そこから10年かけて身に付け
るものだから。

とても勉強になりました。ありがとうございました。

Interview
伝えること(What to say)にこそ右脳的な発想を

Profile
眞鍋 亮平（まなべ りょうへい）

電通　第5CR プランニング局長
エグゼクティブ・クリエーティブ・ディレクター
一橋大学社会学部卒業後、1997 年に電通入社。CM プ
ランナーを経て、2014 年からクリエーティブ・ディレクタ
ー。2020 年から NewsPicks Studios の Chief Creative
Officer も兼務。主な仕事は、YouTube「好きなことで、
生きていく」、ポカリスエット「ポカリガチダンス」「ポカリ
NEO 合唱」など。カンヌライオンズゴールド、クリオゴール
ド、アドフェストグランプリ、ACC 賞など国内外の受賞多数。
2020 年クリエイター・オブ・ザ・イヤー。

第3章
「考えること」は
「図にすること」

企画書やプレゼン資料は
文字だけではもったいない

　図で表現することが苦手だと思っている方は多いのではないでしょうか？

　パワーポイントで作った企画書／プレゼン資料なのに、図はほとんどなくて「文字ばかり」というものをよく見かけます。せっかく図を扱いやすいツールを使っているのに、もったいないことです。

　図をうまく使うことで、文字だけで伝えるよりも、自分の意図を素早く、直感的に伝えることができますし、イメージを共有することもできます。

　あるいは、自分1人で考えるときにも図としてアウトプットすることで、発想が広がったりします。

　この章では、図の使い方について解説します。

　企画書／プレゼン資料に限らず、ビジネス文書全般で主に使われる図は、主に**①グラフ**、**②画像／動画**、**③概念図**の3種類です。

①グラフ

グラフは最も使いやすく、最も使用頻度の高い図です。 売上やユーザー数の推移や、特定の業界における市場占有率などを示すときなどに最適です。グラフ化することでデータ全体を俯瞰でき、それを基にさまざまな分析／検討を行なえるため、ビジネス文書には必要不可欠な図といえるでしょう。

また、すでに存在するデータを基にするので、最も作成のハードルが低い。エクセルを使えば、データを自動的にグラフ化してくれるので、図の構成を考えたり、作図する手間もかかりません。

②画像／動画

企画書やプレゼン資料には、写真／イラストなどの画像もよく使われます。また、プレゼンテーションでは、動画を埋め込んだ資料もよく見かけます。

画像や動画は、文字では伝わらないような具体的なイメージを伝えることに向いています。

たとえば、競合商品をすべて並べて見たり、ターゲットのイメージを写真やイラストで共有するなど、テキストだけでは伝わりづらいことを直感的に伝えることができます。

画像を用意するときは、イメージに合ったものを探して著作権をクリアしたり、場合によっては新規に撮影するなど、手間はそれなりにかかりますが、見た人に与えるインパクトが強いことは確かです。

③概念図

この章でお伝えしたいのは、概念図の描き方と使い方です。

企画書やプレゼン資料では、グラフや画像を入れることで十分に

伝わるケースも多いのですが、せっかく作るのであれば、もう一手間かけて、**自分の考えたことを概念図で表現することで、伝えたいことをより正確に伝えられるようにしましょう。資料のオリジナリティも格段にアップします。**

もちろん、ムリして概念図を使う必要はありません。しかし、文章とグラフだけが延々と続くだけの"退屈な資料"になってしまうのであれば、概念図を入れることを検討しましょう。

なぜなら、文字ばかりだと内容をきちんと理解するまでに時間がかかりますし、グラフはデータを基に分析／検討する際には適していますが、何か新しい考えを表現するのには向いていないからです。

そこで、概念図を入れることで、聞き手を引きつけたり、自分の考えが正確に伝わるようにしていきます。

図で整理することから逃げない

企画書／プレゼン資料にグラフや画像を入れる人は多いのに、概念図を入れる人はあまりいません。もっと言ってしまうと、多くの人が概念図を使うことを避けている気がします。

なぜでしょうか？

それは概念図には、"正解"がないからです。

グラフであればベースとなる数字がありますし、画像であれば基本的にはすでにあるもの（ストックフォトなど）からイメージに合ったものを選ぶという"正解"がわかりやすいのです。

それに対して、**概念図は基本的には「自分の考え（＝仮説）」を表現するものであり、また使い方の自由度が高い分、使用するにあたっては何らかの意思や独自の主張、根拠などが必要になります。**「なぜこの図なのか？」「何を伝えたいのか？」を明確にしなければなりません。

　つまり、正解がない状態で、自分の頭で考えて作る必要があり、そのため多くの人は概念図を作ることに苦手意識があるのではないでしょうか。

　逆に言えば、このように多くの人が概念図に苦手意識を持っていてあまり使わないのであれば、使えるようになることには大きなアドバンテージがあるはずです。

　概念図が描ける、使えるようになるだけで、あなたの企画書やプレゼン資料には「自分独自の考え」が盛り込まれていることがアピールでき、ほかと差別化することができます。

　また、概念図を使うことで、グラフや画像では伝えられないことが伝えられます。

　たとえば、ほかの人が描いた概念図を見て「自分の言いたいことをきれいに図にしてくれている」と思ったことはないでしょうか？　**人間が頭の中で考えていることをうまく整理して視覚的に表現できるのが概念図の特徴です。**グラフや画像では実現できません。

　たとえば、市場の状況、ターゲットの気持ち、施策同士の関係などについて、あなたの考えたことをよりわかりやすく伝えるためには、概念図を使うことが大いに役立ちます。自分の考えを伝えたいのであれば、概念図を使うことから逃げてはいけないのです。

議論を前に進めるために図を描く

　概念図の有効性はご理解いただけたと思います。とはいえ、そもそも「正解がない」わけですから、慣れないうちは、ほかの人に見せることに抵抗があるかもしれません。

　それを克服するためには、**最初から完璧な概念図を描くことを目指すのではなく、打ち合わせや会議をしている最中に「議論を進めるために概念図を描く」ことからはじめるとよいでしょう。**

　私自身、議論を進めるためによく概念図を描きます。そして、そのときには次の2つのことを意識しています。

①打ち合わせ中にその場で図を描いて見せる
②複数のパターンを描いて見せる

　「①打ち合わせ中にその場で図を描いて見せる」は、図に慣れるのには非常に良い手段です。その場で描いているからこそ、あくまでその時点での仮説であり、必ずしも正しい必要がありません。また、クライアントなど外部の人に見せるわけでもないので、きれいに描く必要もありません。
　私は、2020年のコロナ禍以前のリアルの打ち合わせでは毎回ホワイトボードや手元のノートに図を描いていました。また、オンラインでのミーティングが常態になってからも、パワーポイントなどで簡単に図を描き、それを画面共有しながら議論するということをしています。

初級編　頭の外に出す
第3章　「考えること」は「図にすること」

「②複数のパターンを描いて見せる」こともおすすめです。

2〜3つの別パターンを描いて、どの概念図がイメージに近いのか、進むべき方向なのかなどを議論することができます。

この場合は「正解を出す」というよりは、議論するための材料を提示することが目的です。

ミーティング中にいくつも図を描くのは少々手間ではありますが、**議論が膠着したときなどは概念図で方向を分けて提示できるため、議論が一気に進むこともしばしばあります。**

最近はオンラインミーティングが主流となり、パワーポイント上にマウスやタッチパッドで図を描く機会が多いのですが、やはり紙とペンに勝るものはないと思っています。

パソコンやタブレットだと、作図するとき操作を間違えて時間がかかってしまうことがよくあります。また、どうしても画面のサイズに意識が向いてしまうため、そのスペース内で完結させるために情報を無意識に省いてしまったり、加工してしまっている可能性もあります。

ですから、これから概念図に挑戦する方は、まずは紙とペンで描くことからはじめてください。紙の上で、何度もトライアンドエラーをしながら、身に付けていくほうが自由に発想を広げられると思います。

事例：企業の未来を議論するときの図

　ここで私が実際に描いた概念図をご紹介します。本当にごく簡単なものです。「こんなものでいいんだ」と気が楽になる人は多いはずです。

　下の図はあるスタートアップ企業のターゲットについて議論する際に描いたベン図です。

ターゲット

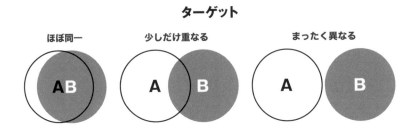

　この企業にはプロダクトが２種類（A、Bとします）あり、それぞれにターゲットが存在します。各プロダクトとターゲットの関係がどのような状態なのかをまず議論したいと思って図を描きました。

　現状は２つのプロダクトのターゲットが「少しだけ重なる」状態ですが、「今後どのようにターゲットを広げてくのか？」という議論になりました。
　今の状態だけでなく、将来の状態も一緒に議論できるのが概念図の良いところです。最終的に「需要性とともに正確に把握したい」ということであれば、定量調査を実施すればよいのですが、その前

段階で議論するためにはこれくらい簡略化されたものでパターンを可視化するだけで十分なのです。

　次の図は、あるスタートアップ企業の成長戦略（ブランディングと市場獲得）を議論する際に描いたベン図です。先ほどは「ターゲットをどう広げるか？」がテーマでしたが、今度は「どこの市場を攻めていくか？」がテーマです。先ほどと同じように描くことができます。

市場獲得について

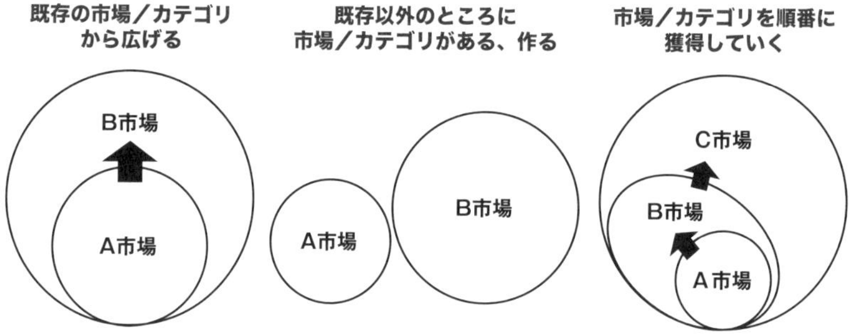

既存の市場／カテゴリ
から広げる

既存以外のところに
市場／カテゴリがある、作る

市場／カテゴリを順番に
獲得していく

B市場

A市場

A市場

B市場

C市場

B市場

A市場

　スタートアップ企業によくある課題として、「最初のA市場は獲得しつつあるが、その後どこに向かって行くのか？　その際にどのようにサービスやコーポレートのブランドを拡張していけばいいのか？」を決めなければいけないということです。

　スタートアップ企業の場合には、何億円もの資金を調達し、マスコミュニケーションを実施するタイミングになってからこのような議論になることが多いです。

基本的には、左の成長パターン「既存の市場／カテゴリから広げる」が適切なのですが、クライアントである経営者の方と議論し、話を聞いていると、真ん中や右のパターンについても話していたため、その迷っている状態を可視化するために図を描きました。

　次は、あるアウトドア系の企業の事例です。
　このときは二軸図を使いました。「どこで新規顧客を獲得し、どうやってファンを獲得していくか?」を検討しました。

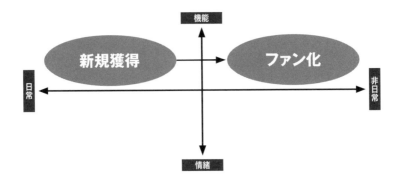

　二軸図のポイントは軸の設定です。
　この企業には、「機能と情緒」「日常と非日常」という相反するものの、どちらも価値があるし、捨てることができない価値がありました。
　「相反する価値をどのように活かしていくのか?」を考えるために図式化しました。このときは、その企業の価値／アセット（資産）に対して、正しく役割を持たせることが重要課題であり、それを議論するのに図が非常に役立ちました。

概念図は4種類で十分

　これまでの事例で概念図をいくつかお見せしましたが、私が普段の仕事で使っているのはごく簡単なものばかりです。

　世の中にはさまざまな種類の概念図がありますし、図解や図式化のテクニックを解説する本もたくさん出版されています。しかし、私自身は複雑な図を使う必要はなく、ごく簡単な4種類だけで十分に事足りると思っています。

　複雑な図は、作るのが大変なうえ、見る側にも高いリテラシーが求められるため、作図のハードルが一気に上がります。また、図の内容を説明して、理解してもらうまでに時間とエネルギーがかかってしまいます。そのため、肝心なことを伝わらなかったり、議論がスムーズに進まなくなってしまうかもしれません。ですから、個人的にはあまりおすすめしません。

　私がおすすめする概念図は次の4種類です。

①二軸図
②ベン図
③プロセス図
④ステップ図

　これだけで十分だと思えば、概念図を使いやすくなるのではないでしょうか。

　私の仕事では、ベン図とステップ図を使うことが多く、二軸図と

プロセス図の使用機会は少ないです。皆さんがご自身のお仕事で使う機会が多そうなものに慣れていくとよいでしょう。

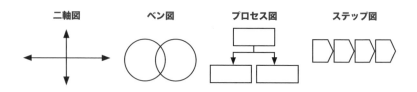

二軸図　　　　　ベン図　　　　プロセス図　　　　ステップ図

二軸図のポイントは「軸の設定」

　　二軸図を作るうえでのポイントは、軸を「大小などの優劣が決まるもので設定しないこと」と、「当たり前の軸を設定しないこと」の２つです。

　　次ページの図は飲食サービスを想像して描きましたが、左の図のように「おいしい」「おいしくない」などの簡単に優劣がつくもので設定してしまうと、どう考えても「おいしい」ほうが良いに決まっているので、当たり前の結論しか出て来ません。
　　右の図のように「さっぱり」「こってり」であれば、どちらが良いか、人によって好みが分かれますよね。こうした軸を設定するほうが「意味」が生まれやすくなります。

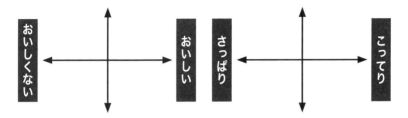

二軸図は、優劣で設定するのではなく、ポジティブな言葉で設定する

おいしくない　←→　おいしい　さっぱり　←→　こってり

　当たり前の軸を設定しないのは、そうしないと新しい発見や意思決定につながらないからです。

　飲食店でいえば、おいしさや内装の軸などがすぐに思い浮かびますが、それ以外にも接客の質やビジネスモデルなどで軸を設定してみてもいいかもしれません。

　軸の設定の例をいくつか挙げてみましょう。

・低価格　←→　高価格
・カジュアル　←→　洗練
・シンプル　←→　多機能
・質　←→　量
・バラエティ　←→　こだわり
・地域密着　←→　全国展開
・コンサバ　←→　トレンド
・ナチュラル　←→　人工的
・遊び心　←→　誠実さ

　カテゴリによって言葉の意味合いが変わるので、言葉尻も含めて

検討することが必要です。

　新しい軸の探し方はいろいろありますが、まずは1つのテーマに対して、軸をいろいろ変えて何度も書き直してみて、うまく整理できそうなものを探すようにするとよいでしょう。

ベン図で重なりと包含関係を示す

　ベン図は2つ以上の集合の関係を表す図法の1つです（ここでは集合が2つのケースのみを紹介します）。
　たとえば、ターゲット同士の重なりを示したり、ターゲットごとの包含関係を示すことなどに向いています。

　2つのグループ（集合）の関係性については、下の3パターンしかありません。「今がどのような状態なのか？」「将来、どのような状態を目指していきたいのか？」などを議論するときに使います。

ベン図は3パターン

重なりがある　　　　　包含されている　　　　離れている

先ほど事例でも説明したように、ベン図についてはターゲットについてすり合わせをする際か、ブランディングや今後獲得していき

たい市場の拡張を検討するのに使います。

　ターゲットについては、複数のターゲットがそれぞれ「独立して存在しているのか」「一部重複しているのか」、それとも「包含関係にあるのか」をはっきりさせずに議論を進めてしまうと、具体的な施策を検討するときに整合性がとれなくなることがあります。

　また、ブランディングや新規市場の獲得など、「今後どのように広げていくか？」を議論するのにもベン図を使うとわかりやすくなります。
　たとえば、「今のまま広げていくのか？」、それとも「今とは異なる方向に広げていくのか？」といったことは、企業にとって重要な意思決定です。ベン図で表現することで違いを可視化でき、議論の出発点にすることができます。

プロセス図で因果関係を表す

　プロセス図は、因果関係を示す場合によく使われます。 今回する紹介する4種類の中では、一番描きやすく使いやすいかもしれません。主に次の3パターンがあります。

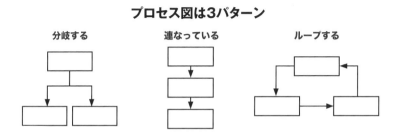

プロセス図は3パターン

分岐する　　　　　連なっている　　　　　ループする

左の「分岐する」は、売上を単価と個数に分解するときなどに使います。要素を分解する方法は、第2章「『考えること』は『分けること』」でも紹介しました。

　真ん中の「連なっている」は、三段論法などで用いることが多いです。たとえば、大前提→中前提→結論とつなげて、言いたいことをまとめるときに使います。

　おすすめは右の「ループする」です。
　PDCAの説明などでよく使われるので、ご存じの方も多いでしょう。実は、意外と汎用性が高く、まとめることで付加価値を生み出しやすい図です。
　世の中にはループしていることがたくさんあります。
　なぜなら、毎日多くの人が同じことを繰り返しているからです。たとえば、多くの人が毎朝、出かける前にシャワーを浴びて、歯磨きすることを習慣化しているのもその1つです。
　こうしたループしている状態を図式化し、「どうすれば人びとの行動を変えられるか？」などについて考えるのです。

ステップ図で変化を表す

　ステップ図は物事の順番や作業手順などを、変化を軸に1次元で整理します。

ステップ図は2パターン

順番に並んでいる

並行している

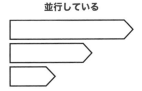

　ステップ図がよく使われるのはスケジュール管理などですね。それ以外にもプロジェクトのステップやフェーズで分けるのにも使えます。

　また、ステップ図は、ターゲットの心の変化（パーセプションやインサイトの変化）についてまとめるのにも向いています。たとえば、まず「商品を知る」、次に「興味を持つ」、そして「買いたくなる」といった変化を表します。
　このほかにも複数のステップを並行する場合にも使えます。
　たとえば、「特定の時期に3日だけ発生する作業」と「会社が存続する限り毎日行なうルーティンの作業」を上下に並べて可視化するなどといったことができます。プロジェクトマネジメントで使われるガントチャートの簡易版のようなイメージですね。

—— 紙と向き合う楽しさを知ったら、勝ち。

　先ほども言いましたが、ホワイトボードやパワーポイントでも図を描けますが、私自身は、やはり紙とペンを使うのが一番身に付きやすいと思っています。

私にとってペンを持って紙に向かう時間は、とても贅沢な時間です。自分の頭の中を紙の上に自由に広げられる快感があります。「じっくり考えることが苦手」「図で表現するのが苦手」などと思っている人たちに対しては、「こんなに楽しいのに、それを味わえないなんて本当にもったいなあ」と思ってしまいます。

　もしかしたら、考えを図で表現することが苦手な人たちは、「自分の頭の中にたいした考えがないことがバレるのがイヤだ」と思っているのかもしれません。ですが、決してそんなことはありません。

　日々、仕事をしたり、生活に必要なさまざまなことをする中で、必ず何かしら考えているはずです。それを簡単な図で描いてみるだけでよいのです。そして、それを他人に見せて、うまく伝わったとしたら、大きな達成感を味わうことができます。

　この章では主に4種類の概念図について解説しましたが、それだけにこだわらず、自分にとって描きやすい図解のスタイルを探してみてください。それにはまず紙と向き合い、考えること、図を描くことを楽しむことです。仕事は楽しんだ者勝ちです。

─────・　ワークシート（82〜83ページ）

　あなた自身のテーマ、仕事で扱っている商品／サービスのターゲット／ユーザーについて、次の4通りの方法で図を描いてみましょう。それぞれの図をどのような視点で描けばいいのかも解説します。

①二軸図
競合他社、競合サービスとのポジショニングの違いを図で表してみましょう。

②ベン図
狙うべきターゲット／ユーザーを複数設定して、重なりや包含関係を図で表してみましょう。

③プロセス図
あなたが仕事で行なっている PDCA をループするプロセス図で表してみましょう。

④ステップ図
これからの１年間で進めたいと思っていることを図で表してみましょう。

　プロセス図やステップ図は、描いたことがある人も多いのではないでしょうか。
　二軸図やベン図の場合は少しコツが必要になりますが、まず描いてみることが重要です。また、同僚や友人と一緒にこのワークを行なった方は、各々が描いた図を比較して、意見交換をしてみましょう。

テーマ「　　　　　　　　　　　　　　　　　　　　　　　　」

①二軸図　　　　　　　　②ベン図

③プロセス図　　　　　　④ステップ図

テーマ 「　　　　　　　コーヒーチェーン　　　　　　　」

①二軸図

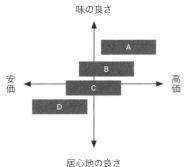

②ベン図

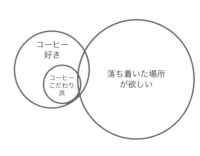

③プロセス図

④ステップ図

付加価値を作る

自分で考えた"新しい価値"を
付け加えることで、はじめて"仕事"になる

企画書やアイデアを作るときは単に情報や考えを整理するだけでなく、"付加価値"を作る必要があります。

付加価値とは、あなたが自分で考えたからこそ意味がある、ほかの人では考えられないオリジナルの価値のことです。仕事においては、誰でも考えつくような企画やアイデアには価値はありません。

もちろん、付加価値を作ることは、「考えること」を仕事にしている人だけでなく、すべてのビジネスパーソンに必要とされる能力です。付加価値を作れるようになれば、仕事を円滑に進められるだけでなく、自分で仕事そのものを生み出すこともできます。

中級編（第4〜7章）では、付加価値を作るにあたって、どのようにインプットをして、インプットした情報をどのように活用するかについて解説します。

第4章

「考えること」は
「知ること」

私が若い頃に
アイデアを出すためにやったこと

　電通に入社して業務に少しずつ慣れるにつれて、次第にキャンペーンのアイデアを出す仕事が増えていきました。広告代理店なので、さまざまな商品の宣伝、販促、Web施策、PRなど、アイデアを出す仕事が日常的に発生します。

　最初は、アイデアを考えることが楽しくて積極的に取り組んでいたのですが、なかなかアイデアが採用されない、あるいは自分でも「これは良い」と思えるアイデアを出すことが難しいと感じるようになりました。学生時代からずっと就きたいと思っていたアイデアを考える仕事をさせてもらっているのに、思ったようにできていないという悔しい状況が続きました。

　その状況を変えるために私がやったのが「誰よりも広告事例、キャンペーン事例を知ること」です。 具体的には「RSSリーダー（Webサイトの更新情報を配信してくれるツール）に、広告系のブログやニュ

ースサイトを片っ端から登録し、最新の事例を見ることを毎日続け
ました。

　毎日100記事ほど目を通しつづけたことで、まわりの誰よりも事
例に詳しくなりました。すると、完璧なアイデアとは言えないまで
も、部分的に使えそうなアイデアや、チームメンバーにとって参考
になるレベルのアイデアを出せるようになりました。

　この話で重要なことは「インプットをたくさんしよう」という表
面的なことではありません。お伝えしたいのは **「誰しも知識のない
ところからアイデアを考えるのは難しい」** ということです。
　仮に、この本を読んでいるあなたが天才であれば、何の知識もな
しにアイデアをどんどん考えられるかもしれません。しかし、私を
含めて世の中の99％以上の人は天才ではありません。
　また、第一線で活躍する優秀な人たちに話を聞くと、全員が若い
頃から大量のインプットを継続的に行なっていることがわかります。

　つまり、**アイデアを出そうと思ったら、新しいものをインプットして、
それを基に着想し、考えていくしか方法はないのです。**「アイデアが
出ない」「考えられない」という人は、まずインプットからはじめ
てください。自分の努力で知識を増やすのです。意識的に情報を詰
め込んでいくようにしましょう。

——— 広告における提案の流れ

　では、どのようにインプットをするべきなのでしょうか？

それには、まず「目の前の仕事にどう活用できるか？」から考える必要があります。

　私が働いてる広告業界における提案の流れは下の図のようになっています。おそらく、ほかの業界であっても似たような流れは多いでしょう。

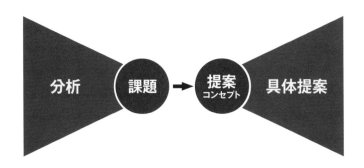

通常、左から右に向けて進んでいきます

　最初に「分析」を行ないます。
　デスクリサーチやユーザー調査などを実施することが多いです。調査の結果を分析して、解決しなければいけない課題を設定します。最後に、その課題を解決するための提案コンセプトを一言にまとめます。

　提案コンセプトは、必ずしも一言にまとめなくてはいけないものではありません。ただし、一言ではなくても、関係者全員が理解／共有できるように、わかりやすい言葉でまとめる必要はあります。
　具体提案の段階では、提案コンセプトにひも付いた細かな具体的

　　中級編　付加価値を作る
　　第4章　「考えること」は「知ること」

施策を説明していきます。

　ここでは例として、過去に私がかかわった高価格の耐久消費財の
デジタル機器の案件をご紹介しましょう。

　この市場はトップ2社がほぼシェアを握っており、多くのユーザ
ーがトップ2社いずれかの商品を選択していました。TVCMも同
様のキャンペーンを同じタイミングで実施しており、ほぼ差別化の
ない商材／カテゴリです。

　私が担当したクライアントは、そのような商材／カテゴリにおい
て、低価格というアドバンテージはあったものの、知名度が低いせ
いでシェアは5％程度。市場をトップ2社にほぼ独占されている状
態でした。

　ユーザーインタビューをした結果、課題設定においては、そもそ
も「購入の選択肢に入っていないこと」が最大の問題であることが
判明しました。
　そこからコミュニケーションコンセプトは「第三の選択肢」とな
りました。そしてこの言葉は、コミュニケーションコンセプトとし
てだけでなく、キャッチコピーとしてTVCMにも使われることに
なりました。

　大きくマスキャンペーンも展開したことも要因の1つですが、キ
ャンペーンは成功し、クライアントのシェアは10％と倍になると
いう成果を上げることができました。

TVCMのようなマスキャンペーンでも、ネットのデジタルキャンペーンでも、あるいは広告の仕事でないとしても、この事例と同じような流れで考えられると思います。

　なぜなら、人は情報量が多いとポイントを理解できないからです。ですから、成果を出したいと思ったら、はじめに「何が課題で、何をするべきか？」が一言でわかるようにしなければいけないのです。

　88ページの図に基づくと、左側の分析の精度を高める課題を設定するためには、商品／サービス、市場、競合、ターゲットのことを知らないといけません。

　また、右側の精度を高めるためには、課題を解決する方法を知らないといけません。

　たとえば、商品／サービスの機能や、具体的な提案に入れ込むためのメディアの知識や広告手法といったことを知っている必要があります。

　ここで重要なのは次の2点です。

**　1点目は、インプットには「短期インプット」と「中長期インプット」の2種類があることです。**

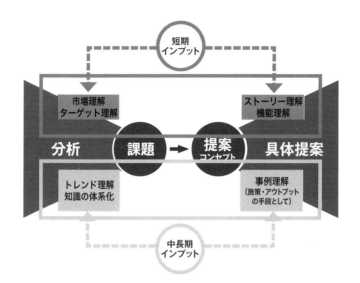

　短期インプットは目の前の仕事を遂行するのに必要な情報をインプットするもので、仕事が発生してから行ないます。

　それに対して、中長期インプットは、はじめに自分が身に付けたいスキルや、強くなりたい領域を決めて、常日頃からインプットを続けることです。この2つの違いを認識しておく必要があります。

　2点目は、中長期インプットには、課題を設定するための分析で使うインプットと、具体的な提案を考える際に使うインプットの2つに分かれます。つまり、意識的にインプットを分解して理解しておく必要があるということです。

─────・ インプットの仕方

　具体的なインプット方法を3つに分けて説明していきます。

①短期インプット
②中長期インプット
③自分が強くなりたい領域を決める

　まずは短期インプットと中長期インプットを分けて考えていきましょう。そして中長期インプットは、先ほども言ったように、課題設定のためのものだけでなく、自分が強くなりたい領域を決め、それに関連する情報を集める仕組みを作り、継続的にインプットすることに分かれます。以下①～③それぞれについて解説します。

短期インプットは「素早く俯瞰し、深く潜る」

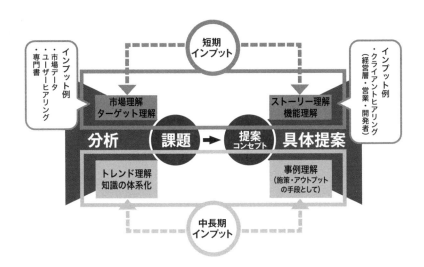

まず、図の上側にある「短期インプット」について説明します。

　左上の市場理解についてはユーザーベース社のSPEEDAなどの市場を俯瞰して理解するためのサービスを活用すると、効率的に情報を収集できます。また、情報を解釈することが必要であれば、業界に関連する本（入門書、専門書）を何冊か読むとよいでしょう。

　特に私が重視しているのは、ターゲット理解のためのユーザーヒアリングです。実態の把握を目的に、「現在のユーザーはどのように感じているのか?」「どのように商品／サービスを使っているのか?」「将来的に狙いたいターゲット層がどう思っているか?」について、深く聞いてみることが多いです。

　たとえば、前述したデジタル機器の場合には、ユーザーだけでなく、家電量販店のスタッフの両方にヒアリングしました。なぜなら、家電量販店で購入するユーザーが多かったからです。

　ユーザーに対しては「今何を使っていますか?」「なぜそれを選んだのですか?」「購入のきっかけは何ですか?」など、購買の意思決定にかかわる部分を聞きます。

　一方、家電量販店のスタッフに対しては「これを売るときに、どのように接客していますか?」「お客様からこんな質問をされたらどう答えますか?」など、実際の接客時のコミュニケーションのとり方についてヒアリングしました。
　このように、相手の立場に応じて聞き方を変えていきます。

ただし、あくまでユーザーや家電量販店のスタッフの方たちは、自分の立場から自分の意見を話すだけなので、すべての言葉を真に受けてはいけません。こちらに気をつかっていたり、ポジショントークである可能性もあります。ですから、ヒアリングしたときの内容を俯瞰しながら解釈することが必要です。

　また、右上の「ストーリー理解」「機能理解」については、企業サイトのコーポレート資料や説明資料に載っている情報だけではなく、**その背景にあるストーリーや想いを経営者や開発者、営業担当者など、その商品／サービスにかかわるすべての人から話を聞くことが重要です。**

　たとえば、以前 BtoB 向けの Saas を提供しているスタートアップ企業を担当したときは、経営者の方には「どのようなきっかけでサービスを思いつき、提供しようと思ったのか？」「お客様のどのような課題を解決したいのか？」「今後どのようなサービス展開を考えているのか？」など、ブランドに関する部分をヒアリングしました。

　そして、**営業担当者やカスタマー担当者にヒアリングするときは、「お客様はどのような課題を抱えているのか？」「お客様は何を期待してサービスを導入／利用しているのか？」など、顧客の課題やインサイトを把握するための質問をしていきました。**

　ヒアリングするのは、もちろん顧客のインサイトが多く含まれているからなのですが、それ以外にも目的があり、経営者をはじめとする関係者の商品／サービスに対する想いを知るためです。

必ずしもこうした想いが顧客やターゲットに評価されるわけではありません。しかし、提案にこうした想いをある程度は盛り込み、企業サイドに「ぜひ、この提案内容を実施したい」と思ってもらえなければ、意味がありません。つまり、クライアント自身が「自分がやりたい」と思うからこそ熱量が高まり、施策の成功確率も高まるのです。

中長期インプットは
「特定領域に絞り、体系化する」

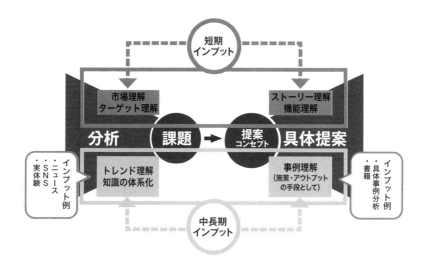

次に「中長期インプット」の方法を解説します。

「トレンド理解」については、ニュースやSNSを見ることや、話題のスポットなどに足を運んで実体験するといったことが重要です。1回でも実際に体験することで、ネットのレポート記事を読む

だけに比べ、膨大な経験値が得られます。

　この章の冒頭でもお話ししましたが、私が若い頃にやってみて最も効果的だったのは、RSS リーダーの利用です。Feedly というサービスが有名です。
　情報を収集したいニュースサイトや Web メディアなどを登録しておくと、Feedly 上ですべての更新情報を確認できます。いちいちサイトを巡回する必要がないので効率的です。
　私は今でも Feedy を使っていて、マーケティング系の情報を発信している Web メディアなどを登録しています。

　また、Google アラートを使うことでも、自分の知りたい分野の情報を効率的に知ることができます。キーワードを設定して、それに関係するニュースをメールで知らせてくれます。私の場合は担当中のクライアントの企業名を登録しています。そうすることで、毎日、クライアントに関するニュースを把握できます。

　右下の「事例理解」は、アウトプットの手段を持つための方法です。事例理解の力を身に付けたければ、「これは」と思った具体的な事例を収集／分析することと、書籍を読むことをおすすめします。
　多くのマーケティング関係の雑誌／書籍には事例が豊富に載っていますし、場合によっては企業のサクセスストーリーなどをまとめた書籍を読んでもいいかもしれません。

　私は今でも Feedly に広告系の Web メディアを登録して、具体的なキャンペーンなどの事例を収集するようにしています。
　一方、雑誌では「宣伝会議」や「ブレーン」などの広告系の月刊

誌を購読したり、ブランディングの成功事例やSNS活用ノウハウ
をまとめたビジネス書に目を通すようにしています。

　雑誌ではトレンドを、書籍では体系的な知識をインプットするこ
とができます。

　さて、一口に広告プランニングといってもさまざまな手法があり
ますし、マーケティングであればさらに手法が広がります。**「目の
前にある課題を解決するための最善の方法は何なのか?」を考える
ためには、世の中にはどのような手段があって、それはそれぞれど
のような役割だったり、効果があるのかを理解する必要があります。**
そのためには知識が体系化されている書籍を読むのが効果的です。

「自分が強くなりたい領域」を 決める

　**中長期インプットについては、まず自分が強くなりたい領域を決め
て、それに関連する情報を重点的に集めるようするべきです。**世の
中には膨大な情報があり、そのすべてを網羅することはできないか
らです。

　私は、若い人と話すときに、「どの領域に強くなりたいのですか?」
という話をよくするのですが、次ページの図のように職能と職域／
業種で分けて整理してみるといいと思っています。

　ここでは私自身のキャリアを整理してみます。

　まず、職能と職域／業種で線を引きます。

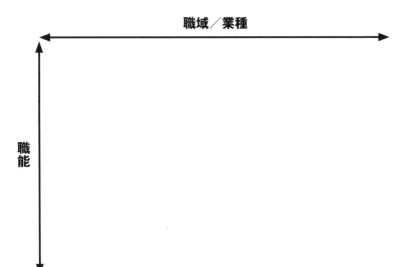

職域／業種は、自分が得意な業種も含めて並べていきます。昔のように終身雇用が前提だったのと違って、今は転職するのが当たり前と考えると、ほかの業種も含めて俯瞰できるようにするとよいでしょう。

　私の場合は BtoB や BtoC のクライアントを幅広く経験したことと、最近はスタートアップ企業のクライアントが多いため、真ん中に「スタートアップ」と置いています。項目の洗い出しは自分に近しい領域で OK です。

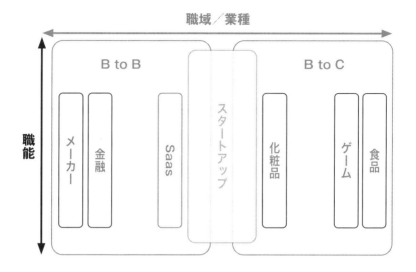

次に職能です。自分ができること、つまりスキルですが、あまり厳密ではなくてよいと思います（むしろ、明確にするほうが難しいので）。ざっくりと、「今の自分ができること」と「これから広げたいスキル」を書いてみるのでよいでしょう。

職能と職域／業種の２つをかけ合わせてみると、自分がどのような職域／業種で、どのようなことができるのか（職能）を可視化することができます。

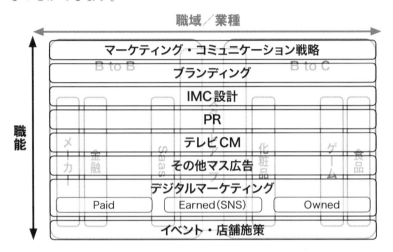

　そこから職能を広げていくのか、職域／業種を広げていくのかを選ぶことで、自分の得意領域を広げていきます。

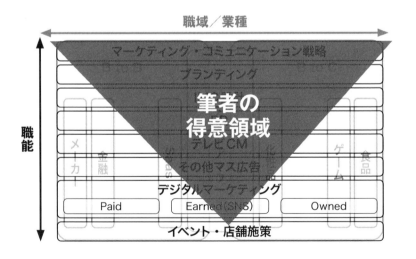

私はストラテジックプランナーなので、ブランディングや広告コミュニケーションの上流設計の仕事がメインとなります。

　また、BtoB、BtoC の両方とも経験があり、ナショナルクライアント（大企業）から中小企業やスタートアップ企業まで、さまざまな規模の企業を担当したことがあります。

　前職時代は相対的にスタートアップ企業を担当することが多く、周りの人たちからは私の「得意領域」と認識されていたと思います。

　また、戦略部分についても、前職時代は TVCM を中心にしたブランド戦略やコミュニケーション戦略を考えることが多かったのですが、今はさらに得意領域を広げたいと思い、転職しました。

　特に、多くの人が時間を使っている SNS に関する知見を深め、これまでのマスコミュニケーションの経験を含めて体系化することを目指しています。三角形を下に広げることを意識しています。

─────・　インプットの習慣を身に付ける

　この章では「考えること」は「知ること」として、「考えるためには、まず何よりも知ること（インプット）が重要である」ということと、そのための方法について解説しました。

　短期インプットについては、多くの人が「目の前の仕事に対して必要な情報を集める」という形で取り組んでいると思います。

　しかし、本当に重要なのは中長期インプットです。優秀と言われている人たちは、中長期インプットを常日頃からしっかりしていますし、その質と量がともに優れています。とはいえ、いきなり質と量

を上げることは難しいでしょうから、まずは中長期インプットの習慣化を目指しましょう。

　人間の体は３カ月ですべての細胞が入れ替わるといわれています。同じように、自分の体と脳を通る情報を意識的に変えることに取り組めば、３カ月程度で自分の中の情報の質も大きく変わるのではないでしょうか。

　インプットの習慣を身に付けて、自分の情報体質を変える。これこそ、この章で本当にお伝えしたいことです。

─────・　## ワークシート（104〜105ページ）

　今自分がやっている短期インプットと中長期インプットの手法を見直してみましょう。

短期インプット

　あなたが会社から新しいテーマを与えられたときに取り組むべきインプット手法を洗い出して、「何か足りないものはないか？」「追加したほうがよい手法がないか？」について検討してみましょう。

中長期インプット

　まず、あなたが常日頃継続的にインプットしていることを列挙しましょう。次の職能と職種を整理して、「どのようなスキルを身に付けたいか？」を決めましょう。最後に身に付けるべきスキルを学ぶための方法を検討し、毎日の行動に落とし込みましょう。

　短期インプットについては、自分にとって便利な手法を組み合わ

せることが最適です。まわりの人に手法を尋ねたり、調べるなどして、最適な手法を見つけましょう。

　中長期インプットは、あなたが将来どうなりたいかを決めることに直結するので、いきなり「これをはじめる」というのは難しいかと思います。また、キャリアデザインについては、それをテーマにしたほかの書籍を参考にしてください。
　中長期インプットにおいて最も重要なのは、継続的に行なうことです。続けられなければ、まったく意味がありません。日々の生活を送るうえで、負担が少なく毎日続けられる方法をいろいろ試してみましょう。最初から意気込んで、過度なインプットをしてしまうと、途中で息切れして、中長期的に続かない可能性が高いです。

短期インプット

中長期インプット

短期インプット

- 対象の業界書籍を複数冊読む
- Webサービスを活用して、業界情報や主要プレイヤーの動きをつかむ
- Googleアラートに「テーマ」「対象サービスカテゴリ」を登録してニュースを読む
- 対象領域に詳しい人へのヒアリングを実施する

中長期インプット

■ **常日頃のインプット**

- Twitterで広告業界やマーケティングにかかわる人の発言や情報を見る
- 「カンブリア宮殿」「ガイヤの夜明け」、WBSや「がっちりマンデー」などのニュース番組を見る

■ **身に付けたいスキル**

- 広告のアウトプットについて最新事例を把握する
- SNSにかかわる体系的な知識
- マーケティング知識のアップデート
- 人事などのマネジメントにかかわるインプット

■ **実施すること**

- Feedlyを使って広告／マーケティング領域のインプット
- 「宣伝会議」や「ブレーン」などの毎月発行される広告系の雑誌に目を通す
- SNSやマーケティングにかかわるセミナーへの参加
- 人事領域にかかわる書籍を読む

Interview

ADK マーケティング・ソリューションズ
プランニング・ディレクター
杉浦 充

考えるための準備を
徹底的にやる

杉浦さんは、プランニングをするとき、どのように頭を動かしはじめたりするのかなど、プランニングのステップについて教えてください。

僕は戦略というよりは戦術を考えている立場で、いわゆるプロモーションのアイデア出しをすることが多いのですが、いきなりアイデアを考えるのではなく、アイデアを考えるための準備にかなり時間を割いています。
その準備を具体的に言うと「内部理解」と「外部理解」の2つになるかと思います。

内部理解は、いわゆる「商材理解」のことで、担当するクライアントの商材の特徴や押し出したい魅力などを理解することです。僕はゲームの案件を担当することが多いのですが、そのゲームをプレイすることなしに提案することは絶対にありません。クライアントや社内メンバーが引いてしまうくらいプレイすることを自分に課し

て、暇を見つけてはゲームをプレイするか、YouTuber のゲーム実況を見ています。やり込みすぎて、クライアントの担当者よりランクが高くなったこともあります。おまけに勢いあまってそのゲームの公式大会（e-Sports）に出ちゃったりもしていました。ちょっと過剰な気がしますが、こんな感じでやり込むと、USP（ユニーク・セリング・ポイント）やファンの気持ちがわかるようになります。それこそ「考えなくてもいいレベル」「瞬間で出せるレベル」くらいまでやり込みます。

なるほど。商材理解に徹底的に時間をかけると。では、外部理解はどういうことですか？

外部理解は、日々の情報収集（インプット）のことです。担当する商材の理解が内部理解とするならば、それ以外のすべての要素が外部理解みたいなニュアンスでそう呼んでます。
たとえば、世の中で流行っている事象とか他社の面白いプロモーション事例とか、新しいテクノロジーとか、新しく出た広告メニューとか……多岐に渡る情報のインプット全般を指しています。

「アイデアとは、既存の要素の新しい組み合わせ以外の何ものでもない」という言葉がありますが、まさにその言葉の通りで、上述した商材の USP などの内部要素と、世の中の流行などの外部要素を組み合わせてアイデアを出していく形が多いです。このステップで考えていくと、その商材 "だからこそ" の企画になりやすいと思っていますので、両面でのインプットを心がけています。

具体的なインプット方法を教えていただけますか？

内部理解は、上述した通り「ひたすら商材に触れる」ことに尽きます。一方、外部理解には、RSS リーダーの Feedly と画像 SNS の Pinterest を使っています。

まず、Feedly を使って見たいニュースを 1 カ所にまとめて毎日読むようにしています。

たとえば、広告業界のニュースサイト、担当中の業界のニュースサイトやまとめサイト、クライアントのプレスリリースなどを登録しておくと、情報が勝手に集まっていきます。それをひたすら読んでいく。その中であとから振り返りたいと思う情報をピックアップして、Pinterest にストックをするという形です。

Feedly から Pinterest に分類して入れるんですね。

Pinterest は、画像（サムネイル）と一緒に保存できるところが良いですね。ビジュアルで一望できるので、すぐに何の事例かを思い出せて重宝しています。昔はテキストや URL だけでストックしていましたが、それに比べると Pinterest のほうが振り返りに適していると思います。もともとデジタルに明るい後輩がやっていた手法なのですが、便利だったので真似させてもらっています。

Pinterest 内のボード（画像の保存先）も役に立っています。僕はプロモーションプランナーとしての役割を担うことが多いので、いわゆる施策カテゴリ別に保存先を分けています。

たとえば、面白いと思った動画は「movie」というボード、OOH（屋外広告）施策は「real promotion」というボード、タイアップであれば「tie-up」みたいに分けています。

ブレストのときにアウトプットの領域が決まっているときは、そのボードを見返すとかなり役に立ちます（ただし、これをほかの人に見

られるのは恥ずかしいので、非公開設定にしています）。

クライアントに話すときに、「事例があるから説明しやすい」ということもありそうですね。

はい、まさにその通りです。クライアントに話すときの他社事例もここから取ったりしています。その観点からも、Pinterest のボードを施策カテゴリ別で分けるのはおすすめです。社内でのブレストのときにも同じ理由で重宝しています。

そのあとのアイデア出しでポイントなどはありますか？

先ほど話してしまいましたが、こういった事前準備ができていたら、あとは情報の組み合わせ次第なので、ストックしたものを見返したりしながらアイデア出しを開始します。
「商材の USP などの内部要素と、ストックしておいた外部要素をどう組み合わせられるか？」と考えていきます。最初はあまり絞らず、とにかくたくさん出していく感じです。紙にバーっと書いていくことが多いです。
そのあとに絞る作業に入るのですが、「これは広がるかも」というものを何個かコアアイデアとして残していきます。最初のブレストであれば、バラバラの状態で出してしまうこともありますが、最終的には 1 つの流れで提案すべきだと思っていますので、アイデアをつなげたりしてプロモーションストーリーとしてまとめるようにしています。
たとえば、コアファンを多く抱えるゲームや IP（知的財産）モノの案件では、「プロモーションストーリーに内部要素を活かすところ

までできないかな……」などと考えたりしています。

プロモーションストーリーに内部要素を活かすのはどのようなイメージですか？

プロモーションにもゲームらしさ／IPらしさを追加できると、よりその商材 "だからこそ" の企画になり、ファンの皆様に喜んでいただける企画になりやすいと思います。
たとえば、「主人公がどんどん進化する／レベルが上がっていく」というところに特徴があるIPがあったとして、そういうIPのプロモーションを作るときには、プロモーションの段階を「原作の進化回数」とそろえたり、ネーミングを「原作の呼称」に合わせたりしてまとめていきます。単発のアイデアの企画はもちろん、それをつなげるプロモーションストーリー（流れ）までもそのIPっぽくしていくイメージです。

IPのストーリーやルールを、プロモーションのストーリーに反映するということですね。

はい、まさにそうです。言い換えてもらってしまってすみません（笑）。アイデア出しはもちろん、そういったストーリー設計は商材の理解がないと絶対にできません。特に、コアファンがいる商材の場合、彼らから "わかってるね" と思われるようなプロモーションにできるかどうかが成否を分けることが多いので、本当に気をつけています。
商材理解（内部理解）は、企画にあたっての「マナー」みたいなものとして捉えていますので、やらない理由はないですね。どんな商

材でも徹底的にやるようにしています。実際に企画を考える時間よりも商材理解に努める時間のほうに多くの時間を割いている気がします。

最後に、若い人に教えたいことはありますか？

今回は情報収集などの「準備」について話しました。なぜかというと、広告の知識や経験で、若手が先輩のスタッフに勝つのはなかなか難しいからです。でも、忙しい人は時間がないので、今回紹介した内部理解や外部理解を徹底的にはやれなかったりします（もちろん、どんなに忙しくても、これらをやってくる先輩もいるので恐ろしいのですが……）。

若い頃の自分もそうでしたが、若手のときは比較的時間は作りやすい気がしますし、体力的にも夜中までがんばれたりします。企画の力はまだ及ばないけど、そこを徹底することで、自分なりの価値が出せるようになることもあります。仮に勝てないまでも、その過程を踏むことで先輩に対しての独自のサポートもできたりするのかなと思います。

確かに。若いときに何で価値を出すのかという視点は大事ですね。

そうですね。ただ、情報収集は本当に地味な作業ですから、続けるのが難しいのも事実です。僕もそうでしたが、どうしても3日坊主になっちゃう。だから、「いかに習慣化をするか」というところも大事かなと思います。

たとえば、時間と場所を固定化するとか。僕は電車の移動中は絶対にスマホでFeedlyを見てました。始業前の30分もやっていました

が、1日1回でやり切るよりも分けたほうが絶対に楽です。あと、リモートワークになってやりやすくなったのは、打ち合わせと打ち合わせの隙間時間ですね。たとえ5分の隙間時間であっても、合計するとなんだかんだで1日30分くらいになります。自分が苦痛にならない形で続けられる方法を探すのがいいと思います。

続けるコツも参考になります。ありがとうございました。

Profile
杉浦 充 (すぎうら みつる)

株式会社 ADK マーケティング・ソリューションズ
プランニング・ディレクター
2010 年 ADK 入社。主にゲーム関連／キャラクター関連の
プロモーション企画とそれにともなうメディアプランニングに
従事。「自分が誰よりもファン目線を持つ」という信条のもと、
夜な夜なゲームプレイに勤しむ。アドテック東京　公式スピ
ーカー（2019 ～ 2022 年）、宣伝会議教育講座　講師、「販
促会議」にゲームのプロモーションに関するコラムを連載。

第5章

「考えること」は
「違和感に気づくこと」

――――・ 先輩のクリエイターに
「どうやってプランニングしてる?」と
聞かれたときに浮かんだ言葉

　電通を退職した際に、それをきっかけとしてさまざまな人と食事
に行きました。その中の1人がクリエイティブ部門のクリエイター・
オブ・ザ・イヤーなどを受賞しているSさんです。それまでずっ
と接点がなかったのですが、辞める直前のタイミングで声をかけて
もらい、一度だけ仕事をさせていただきました。

　**そのSさんから「筧くんは、どうやってプランニングしてるの?」
と聞かれました。**
　ストラテジックプランニングの考え方と、クリエイティブの考え
方は異なるのが前提なので、どう答えようか迷いました。具体案件
のプランニングのやり方なら説明できるのですが、「どのようにプ
ランニングをしているのか?」という広い概念で考えたことは、恥
ずかしながら、Sさんに聞かれた瞬間までありませんでした。

少し考えて口から出たのは次の言葉でした。

「経験の中から"違和感"のあるところを深堀りしてます」

　まったくもって自分は凡人だなと思うばかりですが、そもそも自分の中から何かが出て来ることはありません。
　広告屋というのは、自分からではなく、商品やサービス、クライアントの想いや、ターゲットの生活やインサイトを起点に企画やアイデアなどを考えます。

　私は、これまでさまざまなクライアントの仕事をしてきましたが、新規の案件に取り組むときは、それまで自分が経験したこととは異なる部分を感じ取り、そこから考えたりしています。
　また、仕事以外の私生活においても、さまざまな職業の人と出会ったり、いろいろなサービスを体験をしています。この私生活での経験から、今までとは異なる部分を感じ取り、そこから考えることもよくあります。

　要は、「経験をベースに考えている」ということなのですが、この章では **「それまでの経験では感じなかった違和感を大事にする、その違和感から考える」** ということを解説します。

違和感とは 「自分の中の平均値」からの距離

　そもそも違和感とは何でしょうか？

そして、どうやって違和感を「考えること」に活かせばよいのでしょうか?

　あるネット辞書で違和感の意味を調べると、「しっくりしない感じ」「ちぐはぐに思われること」という説明があります。しかし、この説明は意味というよりも現象を示しているだけなので、それこそ「しっくりこない」気がします。

　私が考えるに、**人は自分の中にあらゆる事象に対して平均値、言い換えればその人にとっての常識を持っています。**幼い子どもであれば経験の数が少ないため、そもそも平均値を持ちようがなかったりしますが、ある程度成長してそれなりに経験を積めば、「これまでのものとは違う」「自分にとっての○○はこんなものじゃない」などと感じる、つまり「違和感を持つ」はずです。つまり、**自分の中に平均値があるからこそ、違和感もあるのです。**

　たとえば、「目玉焼きには醤油をかける」ことは、私にとってはごく当たり前の常識的なことです(もちろん、そうでない方もいらっしゃるとは思いますが)。

　だからこそ、その常識から外れたことを見ると違和感が生じます。私の場合は、「目玉焼きにケチャップをかける人」を見たら「ちょっと変わった好みだな」と思いますし、「酢をかける人」を見たら、びっくりしてしまうでしょう。

　あらゆる人が平均値を持っており、そこから外れていることに違和感を持ちます。また、その**平均値からの距離が離れているほど、**

驚きが大きくなります。

距離が離れているほうが違和感を感じる

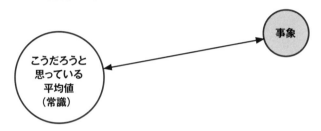

　少し話はズレますが、広告業界では「外国の広告を作るのは難しい」といわれています。

　たとえば、ブラジルで展開する広告を日本人が作る場合などです。理由は、広告を展開する国に住む人々の常識、習慣、インサイトを知ったうえで、刺さる広告を企画する必要があるからですが、外国人がそれをクリアするのはかなり難しいでしょう。

　たとえば、クリスマス。

　日本では、「クリスマス＝若者がカップルですごす」というイメージが一般的です。ところが、欧米ではクリスマスには家族とすごす人が多い。

　その違いを知らないと、日本人が欧米でクリスマスのキャンペーンを手がけたときに「カップルで楽しむ」ことを前提としたメッセージを作ることになってしまう。つまり、その国の常識から外れてしまいます。

　その国の宗教、文化、国民性、あるいは地理的な条件、経済発展の状況、社会情勢などを理解していないと、いくらメッセージを作っても効果がありません。最悪の場合、感情を逆なでして炎上して

しまうかもしれません。

　違和感も、これと同じことだと考えています。それぞれの国、それぞれの人にとっての平均値や常識が存在します。だからこそ、違和感も人によって異なるわけです。

多くのクライアント、商品／サービスを考えたことで身に付けた平均値

　私は 15 年ほど電通で働いていた経験の中で、数え切れないほどのクライアントに対して、マーケティング施策や広告施策を考え、提案してきました。手がけた案件は、低価格商材から高価格商材、店舗ビジネスから EC、Web サービスからスマホアプリなど多岐に渡ります。

　その中には、自分でやりたい仕事もありましたし、会社から与えられた仕事もありました。ただし、どんな仕事においても、商品／サービス、クライアント、ターゲットについて理解することに努めてきました。

　そこで培ったマーケティング施策や、ユーザーのインサイト、カスタマージャーニーなどが自分の中に蓄積されているのですが、蓄積されたことにより平均値ができています。ですから、その平均値から外れた違和感がある部分に対して、整理し、深堀りしていくようにしています。

　人によっては「さまざまなクライアントワークを経験しているか

ら、そんなことができるのだ」とか「経験の浅い自分には無理だ」などと思われるかもしれません。

　決してそんなことはありません。多くの人が学生から社会人になった今までの間に、さまざまな経験をしているでしょうし、そこから培われた平均値があるはずです。

　また、企画を考える際のインプットを行なうときに、2つの平均値を意識的に作っていくことで、違和感を生み出すこともできます。次項で解説しています。

2つの平均値を考える

仕事で考えるときに持つべき2つの平均値があります。「商品／サービスの平均値」と「マーケティング施策／打ち手の平均値」です。

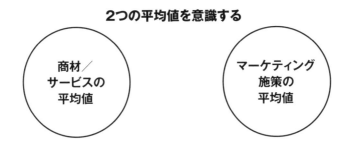

2つの平均値を意識する

商材／
サービスの
平均値

マーケティング
施策の
平均値

商品／サービスの平均値は、「世の中で多くの人が認識しているであろう特徴」のことです。
　あなたが勤める会社の商品が唯一無二のものであれば、平均値はその商品しかありませんが、大半の商品には競合商品が存在します。

その競合商品も含めた「カテゴリ全体が持つ特徴」と捉えていただけるとよいでしょう。

　私が好きなビールでたとえると、日本のビールは「ピルスナー」と呼ばれる、「のどごしが良く、小麦色が濃い」ことが平均値です。
　また、液晶テレビであれば、最近は薄型が人気で、YouTube やNetflix など、ネットの動画配信も見られるものが平均値だと思います。
　このように、**ほとんどの商品／サービスには平均値が存在し、それは言語化することができます。**

ビールに関しての商材／サービスの平均値

味	キレ、のどごし
色	小麦色
価格	200 〜 300円

　マーケティング施策や打ち手の平均値は、広告代理店であれば、「多くの企業が実施している広告施策」のことです。 広告以外の職種でも、仕事において「施策を実施すること」は同じだと思いますので、それぞれご自身の仕事で当てはまりそうなものをイメージしていただけるとよいでしょう。

　再びビールを例にしますが、多くのビールメーカーが実施しているのは、「夏に冷たいビールが飲める場所や店舗を作って PR すること」や「冬に鍋と一緒にビールを楽しむ CM を流す」というこ

とです。

　あるいは、アパレルショップであれば、LINE の友だち登録をうながしたり、クーポンやポイント制度を導入してリピート購入を促進するなどといったことです。

　このように、施策や打ち手も、ある程度は各企業の実施内容を調べる必要はあるかもしれませんが、平均値を言語化することが可能です。

ビールのマーケティング施策の平均値

店舗	店舗でおいしいビールが飲める環境の提供
イベント	夏のビアガーデン
TV CM	季節のおいしいものと一緒に飲むものとして表現

　この「商材／サービスの平均値」と「マーケティング施策／打ち手の平均値」を意識して整理しておくことで、それぞれの平均値からのズレを違和感として抽出できます。そこからやるべきことを考えたり、違和感を活かしたオリジナリティの高い企画を生み出せる可能性が高くなります。

事例：違和感で成功した　　人材／転職サービスの広告戦略

　かつて、人材／転職サービス事業をしているクライアントを担当

したことがありました。

　人材サービス事業には、大手企業、中小企業、スタートアップ企業など、さまざまな規模のさまざまなスタイルの会社が参入しています。各社の主な収益源は、仲介料やプラットフォーム利用料で高利益率体質ですが、サービス内容については各社おおむね似ており、差別優位性はあまりありません。そのため、テレビCMなどのマス広告で、認知や第一想起を獲得することでユーザーを集めている会社が多いです。

　また、マーケティング施策や打ち手は、テレビCMやデジタル広告は実施することが多く、その際にターゲットを明確にしていきます。若手やトップ層といった分け方もあれば、エンジニアなどの特定の職種別に分けてメッセージすることがよくあります。さらに、広告では「満足度ナンバーワン」などのファクトもあわせて伝えることが多くなります。

　以上が人材／転職サービスの「平均値」です。
　これを起点に考えていきます。私が担当したクライアントのサービスの特徴は、「社員の口コミ情報が多く掲載されている」ことでした。転職を考えている人が、転職先の候補にした企業の口コミを読むことでナマの情報（実際の働き方、社内の雰囲気など）を知ることができます。この「口コミ情報の多さ」が平均値との差です。

　そこで、この部分を押し出してプロモーションを実施することにしました。競合企業のTVCMや駅貼り広告などでは、サービス名とナンバーワン訴求をするものが多いのですが、このときは実際の

口コミの言葉をそのまま活用し、広告素材としました。これまで誰も見たことのない広告のクリエイティブだったため、ソーシャルメディア上で話題となり、サービスの認知度を上げることに成功しました。

プロフェッショナルは
考える前に違和感に気づく

プロフェッショナルは、すでに平均値が自分の中にあるため、ある事象を見たときに、違和感をすぐに感じ取ることができます。このことは広告業界やビジネスにかかわらず、科学、芸術、スポーツなど、あらゆる分野で当てはまることだと思います。

たとえば、スポーツのプロコーチが生徒のフォームも見て、すぐにおかしなところに気づくのと同じように、頭で考える前に理想的なフォームとの違いを見つけて違和感を持つことができる。そして違和感のある部分をどう修正していけばいいのかを言語化していきます。

私の場合も、ほかの人が書いた企画書を読んだり、企画内容を話されるのを聞いたときに「流れやロジックが悪くて違和感がある」と感じることがあります。そのあとで「なぜ流れが悪いのだろう？」と考えます。つまり、先に違和感を感じて、あとから違和感の正体を分析していくという順番です。

経験値が高いほうが、考える前に直感的に違和感に気づきやす

なりますが、経験が浅い人には無理かというとそんなことはありません。

　前述したように、「商材／サービスの平均値」と「マーケティング施策／打ち手の平均値」を意識的に整理しておくことで、違和感を見つけられるようになります。ですので、**まずは平均値を意識して、日々の生活の中で蓄積していくことが重要です。**

——————・　ワークシート（124～125ページ）

　あなた自身のテーマ、仕事で扱っている商品／サービスについて2つの平均値で整理してみましょう。また、その平均値から外れている違和感がある事例について考えてみましょう。

・商品／サービスの平均値
・マーケティング施策／打ち手の平均値

　おそらく2つの平均値とも、通常の仕事をしている中で考えているため、平均値を言語化することはそれほど難しくないのではないでしょうか。

　まずは自分の仕事でも、他社のやっていることでもよいので、平均値からズレている事例を見つけてみましょう。そして、「なぜそのような平均値からズレた商品があるのか？　なぜその施策をしているのか？」を考察してみましょう。

テーマ「   」

商品／サービスの平均値

商品／サービスの平均値

施策／打ち手の平均値

マーケティング施策の平均値

テーマ「 ビール 」

商品／サービスの平均値

ビールに関しての商品／サービスの平均値

味	キレ、のどごし
色	小麦色
価格	200〜300円
平均値から外れた事例	**サッポロホワイトベルグ** ヴァイツェンと呼ばれる白ビールであり、価格帯も 100 〜 150 円と安い。

施策／打ち手の平均値

ビールのマーケティング施策の平均値

店舗	店舗でおいしいビールが飲める環境の提供
イベント	夏のビアガーデン
TVCM	季節のおいしいものと一緒に飲むものとして表現
平均値から外れた事例	**1日1杯サービスのサブスク** 飲食店で 3000 円／月で 1 日 1 杯飲むことができるサブスクリプションサービス

第6章
「考えること」は「仮説を持つこと」

──────● アイデアには無敵の「正解」がある

アイデアを出すときに、多くの人は「正解」を探そうとしますが、それは大きな間違いです。

学校の勉強やテストであれば、1つの正解がありますが、**仕事の現場で求められるアイデアには絶対的な正解はありません。むしろ、正解は無数にあります。**まずは意識を変える必要があります。

私が若い人の企画書を見るときにも、そのアイデアが正しいか否かを指摘することはありません。「すべてのアイデアは正解である」「まずはアイデアをたくさん出してみることが大切だ」という話をしています。

実は、**仕事においては、企画やアイデアよりも先に考えなければいけないことがあります。**
それは「問題」「課題」「戦略」です。
この3つを決めたうえで、「戦術（具体的にどう戦うか、何をするか）」として企画／アイデアが必要になるのです。

それぞれについて説明しましょう。

「問題」とは、「あるべき姿」を阻害されている状態のことです。

「課題」とは、その阻害要因を解消するために解決すべき具体的なポイントを指します。**私たちが直接的に解決しなければいけないのは「課題」です。**

そして「戦略」は「目指すところへ到達するためのアクションプラン／大方針」であり、「戦術」は「そこに至るまでの個々のステップやアクション」を指します。

たとえば、売上目標を達成できずに困っている会社の場合、次のようになります。

問題：売上目標に達することができていない

課題：新規顧客を獲得するために、顕在顧客層に認知される必要がある

戦略：認知度を向上させる施策に投資する

戦術：タクシー広告を実施する

アイデア出しのブレストでよくあるパターンとして、「いいね」となった案が出ても、あとで見返したときに「これじゃ使えないね」とか、「何のためにやるんだっけ？」となってしまうことがあります。なぜこんなことになるのかというと、「問題」「課題」「戦略」の部分をすっ飛ばして「戦術」だけ出してしまったからです。

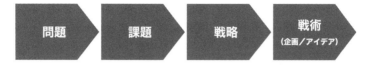

問題 → 課題 → 戦略 → 戦術（企画／アイデア）

　ここで重要なのは、この順番で考えることではありません。**「課題と戦略はワンセットである」** と意識することです。良い課題が設定できれば、良い戦略が見つかるのですが、いきなりそれができるわけではありません。

　「課題と戦略がワンセットである」ということは、先ほどの例でいえば、次のようになります。

課題：新規顧客を獲得するために、顕在顧客層に認知される必要がある
戦略：認知度を向上させる施策に投資する

　「顕在顧客層に認知されていないから、新規の問い合わせがない」という課題が明確になっているからこそ、それを解決するために「認知度を上げる」という戦略を設定することができるのです。

　異なる場合として、「知られているのに問い合わせにつながらない」、その理由は「サービスの価値をうまく伝えられていないから」だとしましょう。その場合の課題と戦略は次のようになります。

課題：サービスの価値がうまく伝えられていない
戦略：サービスの価値を伝わるように再定義し、伝える

このように課題と戦略はワンセットで考える必要があります。

そのときに重要になるのが、**「課題仮説」と「戦略仮説」を持つこ**
とです。

成功事例の紹介記事を読んだり、担当した方に話を聞くと、課題
と戦略がきれいに分かれているように語られていることが多々あり
ます。しかし、それは単に結果論だったり、あとで整理された話だ
ったりします。実際には、成果を得るまでにさまざまな試行錯誤や
紆余曲折があったはずなのです。

ですから、**いきなり正解を探そうとする必要はありません。**
まずは、課題仮説と戦略仮説を考えてみましょう。
また、課題仮説と戦略仮説は1つだけである必要はありません。
それぞれが複数個ずつあってもよいのです。
なぜなら、物事にはそもそも解決しなければいけない問題と課題
が複数、存在するのが普通だからです。だからこそ、考えられる問
題と課題をいくつも挙げて洗い出していきます。

実際には使える時間とお金には限りがあるため、複数の課題とそ
れに対応する複数の戦略のすべてに取り組めるわけではありませ
ん。数を絞る必要があります。

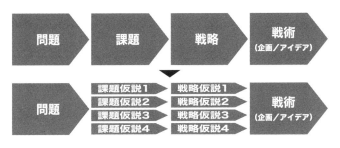

仮説は「仮の説」なので、
間違いを恐れる必要はない

　ビジネスの現場では、新規の事業や施策に投資をする際には、お金をかけずに、あるいはできるだけかけずに、多くの打ち手を試してみることが日常茶飯事です。

　また、最近では「スモールスタートにしましょう」と着手して、ある程度の期間、PDCAを回したり、効果検証をして、「これはいける」となってから、はじめて大きく投資をするパターンも増えています。

　たとえば、ネット広告などはスモールスタートがしやすい領域です。広告を配信するセグメントとバナー素材などを小額で出稿して、効果的なパターンを見つけたあとに、大きく予算を投下するステップを踏むことができます。

　また、意思決定の場面においては、「なぜ、それが効果を出せるのか？」ということが、決定者に直感的に理解できるようになっていないといけない場合が多々あります。

　もちろん、データ分析から導き出された因果関係から理解できることもありますが、多くの場合は直感的に理解できないものは承認されません。

　そうした時代に必要になる力は、**「複数の課題仮説を持つ力」**です。たとえ可能性が高くなくても、「ここが課題だ」ということを見つけ出す力は希少価値が高く、多くの現場で求められています。

しかも、「間違ってもよい」「小さな可能性でもよい」のが仮説です。だから、仮説を立てることを恐れる必要はありません。どんどん仮説を考えていきましょう。

仮説を作るステップ

プランニングのステップに、仮説を作るためのステップを追加すると、「調査」「仮説構築」「仮説検証」の３つのステップが組み込まれます。

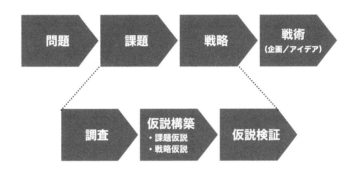

　課題と戦略を策定するために、①調査を実施し、②仮説を構築し、③仮説の検証をする――この順番はほとんど変わることがありませんし、私自身、このステップを守ることは重要だと思っています。

　プロジェクトを進める際なども、**「なぜかうまくいかない」「話が進まない」ときには、課題が明確になっていない場合が多いのです。**まず「何を解決しなければいけないのか？」を特定し、それが「ステークホルダーの共通認識になっているか」を確認することが重要です。

たとえば、よくあるパターンが、「自社の化粧品が売れない」ときに、課題を明確にする前に「何をすればいいのか？」という手段から考えてしまうことです。

　化粧品を売るための施策でいえば、「インフルエンサーを起用してPR投稿をしてもらう」「Instagramで広告を実施する」「ポップアップイベントを実施する」など、よくある施策はすぐに思いつくことができます。

　「思いつく施策、実施できそうな施策から考える」というときは、肝心の課題が明確になっていないときですが、実際には「売れない理由」があるはずです。
　たとえば、ターゲットに対して魅力が伝わっていないこともあれば、商品を魅力に感じるターゲットが実は別のところにいるのかもしれません。**そういった課題が明確になっていない限りは、いくら施策を考えても効果をあげることはできません。**

　そのために、**仮説を構築するにあたって重要なのは調査です。**何もインプットせずに仮説が出て来ることはありません。まずは調べて整理することからはじめます。

調査においてすべてのデータを見て 仮説構築をするのは非現実的

調査手法はさまざまです。
デスクリサーチや専門書籍を読むことや、デプス調査やグループ

インタビューなどのヒアリングをすることもあります。まずはどのような調査手法があるかを理解し、「今の状況において、どのような調査が必要なのか？」を考えてから実施しましょう。

　調査において重要なのは、**世の中には膨大な情報があり、自分がインプットできる量には限りがあるため、「すべてのデータを見てから整理しようと思ってはいけない」**ということです。「マクロ視点　→　ミクロ視点」の２段階くらいで考えるとよいでしょう。

　マクロ視点での調査では、市場や業界、トップ企業の売上などをざっと見て、大枠として理解することで、戦略の大きな間違いをなくすことができます。
　たとえば、「狙うべき市場の規模やターゲットの数が少なすぎる」といった間違いは避けられるでしょう。ただし、こういうことは多くの人の肌感覚からズレることはありませんし、すでに共通認識化されていることが多いはずで、新しい発見はありません。

　新しい発見をするためには、ミクロ視点の調査が必要です。これには、ユーザーヒアリングやデプス調査などでターゲットの意見を直接聞くのが最も効率的です。
　ですから、仮説構築のための調査をするときは、**最初にマクロ視点でざっと全体像を理解しつつ、ミクロ視点ではインタビューを中心に進めていきましょう。**

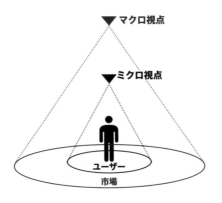

マクロ視点

ミクロ視点

ユーザー

市場

誰にインタビューしたらよいのか？

　新しい課題仮説を見つけるにはインタビューが適しています。では、誰に何の話を聞けばよいのでしょうか？

　ヒアリングは対象者で大きく 2 つに分ければよいでしょう。

①経営層／社員などへの「関係者へのインタビュー」
②現顧客／潜在顧客などへの「ターゲットのインタビュー」

　①経営層／社員などに対しては、自社やサービスに対する課題や目指すべき方向を聞いていきます。しかし、役職やポジションによって認識している課題や求める方向が異なるのが当たり前なので、そのズレを可視化することが重要です。

　たとえば、経営層は売上に直結することを課題と考えると同時に会社の将来についても気にかけています。一方、現場のスタッフは、自部署の売上やオペレーションの進め方などを課題だと思っていたりします。多くの関係者の話を聞くことで、「組織全体の真の課題

は何か？」を見つけることができるのです。

　おすすめなのは、営業部やカスタマー対応部署など、顧客と直接話をしている人たちの意見を聞くことです。私は、調査にあまり時間をかけられないときには、その人たちだけに話を聞くことがあります。

　②の現顧客／潜在顧客などターゲットへのインタビューは、「その商品やサービスがどう思われているか？」を中心に話を聞きます。
　ここで注意しなければいけないのは、**「ユーザーは決して本音を話すわけではない」「本気で商品／サービスのことを考えているわけではない」** ということです。そこで、表面的な言葉を真に受けずに、「なぜ、この人はそのように話したのか？」の裏側にある根拠やインサイトを発見するようにします。
　また、どのような言葉づかいをしたのかも、そのターゲットの認識を理解するうえで重要です。

　①②へのヒアリングについて詳しく解説しましょう。

経営層／社員からは 「課題仮説」を導く

　経営層や社員などのステークホルダーからは課題仮説を導くつもりでインタビューをしましょう。 なぜなら、ステークホルダーにはそれぞれ思っていることや考えていることがあるものの、それが言語化されていないことが多いからです。

よく聞かれるのが「こうしたほうがいいと思ってる／思っていた」とか、「こう言っているのにやってくれない／対策がされない」という声です。このような発言の中に、解決されていない課題が隠れていることが多く、それをうまく引き出すことが求められます。

　その企業で働いている人であれば、「自分の会社はもっとこうしたらいいのに」や「本当はこれが問題だと思う」といった意見を持っているはずです。

　なぜ、それを言わないのかというと、「それを言うことは自分の仕事ではない」から。会社員である以上は、自分の担当領域があり、目の前の仕事はきちんと取り組みますが、それ以外の部分に対しては、手を出す余裕がなかったり、越権行為になるので暗黙的に禁じられているということが多いのです。

　私の経験上、このような声を聞き出していくことで、解決するべき課題が浮き上がって来ることがほとんどです。「現場にヒントがある」とよくいわれますが、本当だと思います。

　また、インタビューをすることで驚くような発見があるのはまれです。どちらかと言うと、**「複数の人たちの話を聞いていくことで、徐々に課題を浮き上がらせていく」**という表現のほうが正しいかもしれません。

　そして、ヒアリングは複数人に対して実施することが大事です。複数人から話を聞くことで、大勢が感じている課題の共通点が見えてきます。それが課題仮説であり、たいていは複数の課題仮説が浮かび上がって来ます。事前にそのことを踏まえたうえでインタビュ

一に臨むのがよいでしょう。

　ここで私が実際に体験したエピソードをご紹介します。
　あるスタートアップ企業をインタビューをしたときのことです。
自社の強みについて尋ねると、経営層は「企業のビジョンに共感し
ているファンを大事にしており、それが強みになっている」と言っ
ていたのですが、実際に顧客に接している社員の方たちに話を聞く
と、「ビジョンに共感しているファンは一部」であり、「大多数は価
格と品質を評価しているだけである」と判明しました。

　最終的には、「サービスの品質を上げて優良顧客を獲得する」と「自
社のファンとのエンゲージメントをさらに深めていく」という２つ
の施策を検討することになったのですが、このように経営層と現場
で重要視している部分がズレているというのは、よくあることです。

複数人が感じている課題に注目する

現顧客／潜在顧客から
「戦略仮説」を導く

現顧客や潜在顧客からは、戦略仮説を導くつもりでインタビューをしましょう。 自社のサービスや商品についてインタビューしていく中で、「購入してもらうためには、どのようなことをしなければいけないのか」を深堀りしていきます。

現顧客に対しては、商品を購入／利用している理由やそのきっかけ、満足しているところや不満なところなどを聞いていくのですが、一番重要なのは「利用している理由」です。

このヒアリングで重要なのは、**「ユーザーは購入理由や利用理由については意外と本音を語ってくれない」** ということです。

たとえば、実際には価格が安いことが最大の理由だとしても、「安いから買った」ではなく「商品の品質に満足しているから」と答えてしまうのが普通です。もちろん、「本当のところはどうなんですか？」と聞いても答えてもらえないので、複数の質問を投げかけながら、その人の本音やインサイトを炙り出していきます。

顧客の本音については、私の経験上、次のようなパターンが多い印象です。

・「値段が安かったから」は高級商材の場合は言いにくい
・「品質が良かったら」と多くの人は言いたがる
・「自分で決めた」と言っても、実際にはまわりの人などの口コミ

に影響を受けている

・「欲しい」と言っても、実際に購入することはほとんどない

・「広告を見た」と言っても、広告の内容をほとんど覚えていない

　このように、人には答えにくいこと、言いにくいことがあり、それを踏まえてうえで質問したり、回答を解釈する必要があるのです。

　潜在顧客に対しては、「その商品をそもそも知っているのか？」「商品を知ってくれれば、使ってもらえるのか？」「商品を知っても、使ってくれない理由は何なのか？」を把握することが重要です。

　多くの商品は「そもそも知られていない」ので、それを解決するようにしますが、解決が難しいのは「商品を知っているのに買わない」というパターンです。

　なぜ「商品を知っても買ってくれないのか？」といえば、単純に「必要がないから」であり、そもそも「ニーズを捉えられていないから」です。

　しかし、こうした場合であっても、商品の伝え方、利用の仕方、タイミングを変えることで、「必要な人」に「必要な商品」を見せることはできるので、それを特定していくつもりでインタビューをします。

　また、個人的なポイントですが、現顧客や潜在顧客に対するヒアリングは、上記のことを明らかにしていくことに加え、**意思決定する際にターゲットの視点になり切れるかどうかが重要**だと考えています。

　私は、ターゲットの視点を考えるときにペルソナを描くこともありますが、本来はそうではなく、自分の中に判断基準ができるまでイ

ンタビューするのがベストだと思っています。

　私の場合は、少なくとも 3 〜 4 人、多くて 20 名ほどの人にインタビューすることが多いのですが、20 名ほどに話を聞けると、かなり自信を持って戦略や戦術の意思決定ができます。

　また、**自社事業を持っている企業の場合には、定期的に顧客インタビューすることを仕組み化するとよいでしょう。**なぜなら、定期的に実施しないと、自分たちの頭の中で顧客像が固定してしまったり、自分たちの都合の良いように顧客像を変えてしまうことがあるからです。

　また、顧客の言葉は非常に重要なので、社内の認識をすり合わせるためにも定期的に開催することをおすすめします。このとき社内メンバーにも、ヒアリングをしてもらう／見てもらうことで、マーケティングを健全に推進するための材料にすることができます。

事例：生活習慣病対策サプリの "真のインサイト"

　ここでサプリメント商材を担当したときの事例をご紹介しましょう。

　中年男性を対象として生活習慣病対策のサプリメントのコミュニケーション戦略の仕事で、「どのようなターゲットインサイトがあり、どのように商品を伝えていくべきか？」を考えました。

　このときも、ターゲットとなる方数名のインタビューを行ないま

中級編　付加価値を作る

した。インタビュー前には、クライアントの担当者と「生活習慣病だから、健康診断の数値などがターゲットのインサイトに近いのではないか」と話していたのですが、インタビューをしたところ、まったく別の視点が浮かび上がって来ました。

このときに浮かび上がってきたのは、自分の健康診断の数値が悪いことは理解しているからこそ、「常日頃ガマンをしている」ということでした。特に、飲食店の「豪華なご飯」を見たときに、その気持ちを強く感じるとのことがわかりました。

このときには、インタビューで発見した「常日頃ガマンしている」と「豪華なご飯」の２つにターゲットのインサイトがあると考え、それを中心にコミュニケーションを組み立てていきました。

課題仮説／戦略仮説を検証するのは定量調査

課題仮説や戦略仮説を検証するには、「インターネット調査」と呼ばれる定量調査が適しています。

インタビューから考えた課題仮説や戦略仮説を設問文の形にする必要はありますが、ターゲットに実際に聞いてみることで、「どの程度の割合の人が課題だと思っているのか？」や「どの程度の人が戦略に好意的に反応してくれるのか？」を検証していきます。

定量調査で検証する理由は、課題仮説と戦略仮説が正しいのかを確かめることに加え、多くの企業では意思決定に際して定量的なデ

ータが必要になるからです。

定量調査手法については、ここでは詳しく説明しませんので、ご興味のある方は関連の書籍をお読みいただければと思います。

小規模、低予算の場合は、自分でグーグルフォームを作って実施してみるのもいいでしょう。ある程度費用を使えるのであれば、調査会社に相談して進めることができます。

このように、「インタビュー調査で仮説を導き、定量調査で仮説を検証する」を日々の仕事で意識し、実施するようにしていきましょう。

誰も知らなかった課題仮説を発見する快感

マーケティングの仕事には、商品開発をしたり、TVCMを作ったり、イベントを実施するなど、華やかな面がたくさんあります。

しかし、個人的には、**マーケティングという仕事の真の醍醐味は、「絶対に解決しなければいけない課題を見つけたとき」** だと思っています。「誰も気づいていない、しかし、そこには大きな可能性とチャンスがある」——こんな課題を見つけたときこそ、「考えること」の最高の快感を味わえます。その意味では、課題仮説を見つけることは最強のスキルだと思います。

ワークシート（144〜145ページ）

　あなた自身のテーマ、仕事で扱っている商品／サービスについて仮説を考えてみましょう。課題を仮説を考える前に、次の人たちにインタビューを実施しましょう。

課題仮説：主に経営層／社員（顧客に接している人）
戦略仮説：主に現在の顧客や見込み顧客

　課題仮説と戦略仮説は分けて考える必要がありますが、それぞれのインタビューをしてから分けても大丈夫です。

　課題仮説を考えるときのコツは、社員などの関係者が「本当に解決したほうがいいと思っていること」の共通点を見つけ出すことです。

　戦略仮説を考えるコツは、相手の行動や発言を鵜呑みにして真に受けずに、その裏側にある気持ちを想像することです。もし、このワークを一緒に取り組む人がいる場合は、互いの仮説を共有して、議論してみましょう。

テーマ「　　　　　　　　　　　　　　　　　　　　　　　　」

課題仮説

戦略仮説

テーマ 「 コーヒーチェーン 」

課題仮説

社員に対してのヒアリング内容

- コーヒーはおいしいが、コーヒーを目的として訪れている人が少ない
- 常連はいるが、居心地の良さで来てくれている状態。コーヒーやサイドメニューの購入をうながしていきたい
- SNS上の口コミがあまり起きていない

課題仮説
- コーヒーの品質を伝えること
- SNS上で良質の口コミを起こすこと

戦略仮説

顧客に対してのヒアリング内容

- コーヒーはおいしいと思っているが、何がおいしいのか、何にこだわっているのかがわからない
- お店のことは好きだが、SNSの投稿するほどのことが思いつかない

戦略仮説
- コーヒーのこだわりを店舗やSNSで発信する
- SNSで投稿するとサービスがあるなど、お店と顧客とのコミュニケーションを作る

Interview

電通クリエーティブディレクター
見市 沖

顔の見える相手に
届かせる気持ちで価値を考える

見市さんは、普段どうやって企画を考えていますか？

家でずっと企画を考えていると気が詰まるじゃないですか。なので、
企画の入り口をたくさん持つことにしていますね。今日お話しする
前に、ざっと並べてみたのですが、次のようにやっています。

①商品の価値から考える

その商品が、「誰にとってどんな価値があるか？」「どう伝えたら欲
しくなるのか？」について、できるだけ解像度を上げるようにして
います。

②人格から考える

今は、ほとんどの商品がコモディティになっているし、サービスで
もコモディティ化しているものが多いです。なので、似たような商
品であっても、「どのような人格を持たせるとより愛されるか」が
大事だと思っています。

③ターゲットから考える

「実は、ターゲットはこう思っているのではないか？」という、ターゲットの腹の中にある感情を想像して、そこから考えていきます。

④世の中から考える

世の中の流れやソーシャルメディア上の言論の流れを把握して、「逆にこういう発言したら目立つ」などといった、世の流れから大きく企業を捉えていくやり方です。

あとは、次のようなことですね。

⑤タレントから考える
⑥最近のトレンドから考える
⑦最近、感動したこと、好きなことから考える

ありがとうございます。優先順位的には初めのほうで挙げていただいた方法で考える時間が多いですか？

僕の場合、「その企業や商品が世の中の誰にとって価値があるのか？」をすごく真面目に考えたいタイプなので、①～④の比重が大きいですね。そこがしっかりしてさえいれば、たとえ表現としては凡打であっても、ものは動いたり、コミュニケーションはうまくいったりすると思っています。

なるほど、だから①②③が重要ということですね。特に。②の「人格から考える」というのはユニークだと感じました。

今は、自分の友だちのツイートや憧れている人のツイート、そして企業のツイートが並列で同じ情報として飛び込んでくるじゃないですか。だから、ソーシャルメディアが普及していない時代と比べると、企業や商品に人格がないと、何も情報が入って来ないように感じています。

単純に「情報として価値があるものを出す」というよりは、「この企業はどんなやつなんだっけ？」というのが、セリフとか表現の裏に滲み出るようなものにすると、みんなの心に入っていきやすいんじゃないかというのが、感覚としてすごくありますね。

なるほど……。ちなみに人格はどうやって規定しているのですか？

かっこいい言葉とかではなく、「自分のまわりのグループで言ったら、あの人だな」みたいな。

たとえば、グループには「アホを貫き通しているやつ」もいれば、「一歩引いた目で見ていて雰囲気をまとめる人」もいる、といった感じですね、

ある集団の中でのその人のホメられ方みたいなものがあると思うんですけど、企業も世の中という集団の中で、どんな人格を出すとホメられるか？　これを、自分の具体的な人間関係と照らし合わせながら考えるということをよくやっていますね。

では、そのブランドの規定から表現に直結するんですね。

すごく真面目な企業とか、すごいエモーショナルなブランドの担当者の方から「うちも変なこととかやって、話題になりたいんですよ」みたいな相談をいただいたりすることがけっこうあるのですが、そ

ういうときに人格の話をするんですよね。流行っているものの真似をするのではなく、そのブランド人格なりの目立ち方が必ずあると思っているので。

広告業界では「トーンアンドマナー」とよく言いますが、人格で定義したほうが立体的に使えそうなイメージがありますね。

トーンアンドマナーというと、映像表現や平面表現の話になってしまいますが、人格で規定すると、たとえば、ソーシャルアクトとかブランドアクションの企画も実施しやすかったりしますね。「こういう人格だから、世の中に対して、こういうことを発言して然るべきですよね」みたいなことが、人格規定としてクライアントの中にちゃんと根づいていると、やりやすくなりますね。

これはそのまま使えますね……。ありがとうございます。最後に、若い人に「考え方」を教えるときはどうしていますか?

「とにかく価値を考えなさい」と言っていますね。上手なコピーは一切書かなくていいから、「どうしたら相手が本当に欲しくなるか?」を考えることを、ひたすら繰り返してもらったりします。なぜかというと、今流行りの手法とか、流行りのソーシャルメディア上の文脈を取り入れるとかはある程度、情報に敏感であれば、誰にでもできるからです。

コミュニケーションのプロ、広告屋のプロという名刺を持つ以上、絶対に外してはいけない最低限のことは「相手の価値を言葉で射抜く」ことだと思っています。

それは、戦略プランナーだろうが、コピーライターだろうが、「今の社会にとってこんな価値があるんです」というのを、ズバッと言えなければならない。

ウソとか、見栄えのいいものではなく、本当にそれが欲しくなるのか？　それを考える訓練をひたすらやってもらいますね。そこがないと、足腰が弱いフレームになってしまうんじゃないかなと思います。なので、若い人に何を教えるかと言われたら、とにかく「価値を考える訓練」をしてもらいます。

僕は、関西電通にずっといたんですけど、先輩からよく言われたのは、「相手の顔を見えない状態で、何となく良い感じのことを書くのはやめなさい。自分のオカンとか、電車で目の前に座っている女子高生にこの商品をどう話すか。それくらい近くにいる人との会話だと思って書きなさい。そうしたら、届くから」ということでした。「人の顔が見える」というのは重要だと思います。

大変勉強になりました。ありがとうございました。

Profile
見市 沖 (みいち おき)

電通　クリエーティブディレクター
言葉と映像を軸に、ブランドのコミュニケーション全体を作る。手がけた CM は、「ポッキーシェアハピ」「でで出前館」「タイムツリーはじめました」「ポケモン愛と自由」「リップベビー悪魔なカンナ」「パズドラ嵐シリーズ」など。
2021 年度 TVCM 好感度ランキング作品別総合 1 位を獲得。

第7章
「考えること」は
「課題を作ること」

───── 問題と課題の違い

　前章で課題仮説と戦略仮説の考え方を解説しましたが、この章で
は課題仮説の作り方を解説します。というのも、マーケティングに
おいては、課題仮説を持つことが最も重要だからです。課題仮説が
あるからこそ、マーケティングにまつわるさまざまなアクションを
進めることができるのです。

　まずは、「課題とは何か？」「問題と課題の違い」から説明します。
　問題と課題はしばしば混同されるので、はじめに両者の違いを正
しく認識しておく必要があります。

　問題と課題の定義と例は次の通りです。

問題：発生しているネガティブな事柄
例：昨年と比較して売上が低下した

課題：そのネガティブな事柄を解決するために行なうこと
例：売上を補てんするためにクロスセルの商品を開発したい

問題は「すでに起こった事象」なのでわかりやすいですね。

たとえば、「売上が上がった／下がった」とか、「中途で入社した社員が定着しない」など、誰が見てもわかるものです。

一方、課題は多くの方にとって、わかりにくいのではないでしょうか？ **「解決する手段」のことではなく、「解決するために行なうこと」** なのですが、具体的にはいったいどのようなことなのでしょうか？

ここではわかりやすくダイエットを例に、問題と課題の違いを説明します。

問題：体重 70kg を 55kg にするために 15kg 減量する必要がある
課題：
・食事を 21 時までに済ませるにはどうしたらよいか？
・定期的に運動するにはどのような生活サイクルにしたらよいか？

だいぶわかりやすくなりましたね。

ただし、これでも課題を明確にすることは、やはり難しく感じられるかもしれません。しかし、このように課題を明確にできれば、解決までの道のりはかなり見えてくる気がしませんか？

そうです。**課題を適切に設定することができれば、問題は半分解決したも同然なのです。**

課題とは何か

さらに、課題を理解しやすくするために図解してみましょう。

下の図の横軸は時間です。左に今（現在）があり、右上に未来があります。一方、縦軸は通常であれば、売上や事業規模などの目標となりますが、今回のダイエットの例では「理想の体重」とします。この目標に向けて進んで行く必要があります。

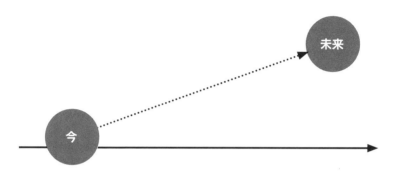

　今と未来の間に「差分」があります。今回のダイエットの例でいえば、15kg（70kg − 55kg）が差分です。
　また、今まで通り続ければ達成できる数値だった場合、そこに到達することを差分としてもよいでしょう。

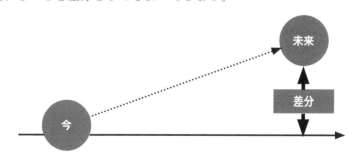

　今と未来の差分を埋めたいときに、目の前に立ちはだかる壁が「課題」です。今回の差分（問題）は「体重を 15kg 減らすこと」ですが、それを達成するために、乗り越えなければいけない壁（解決しなければいけないこと）が課題です。

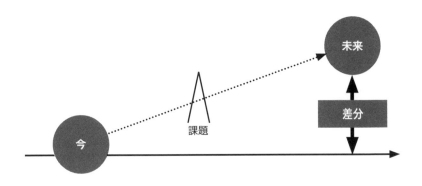

　そして、この**課題を解決するのが戦略であり、実行する施策が戦術です。**

　では、解決すべき課題はどう探せばいいのでしょうか？

　1つのやり方としては、下の図のようにツリー図にまとめることが挙げられます。この分析手法は、いろいろな場面でよく使われます。特にデジタルマーケティング企業やコンサルティング企業では、このように分析することが多いです。

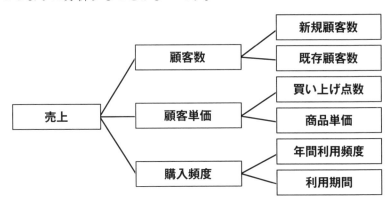

　確かに、よく使われるし、情報がきれいに整理されるので、知っておくべき方法ではあります。

ただし、私のような広告会社のストラテジックプランナーの立場に立つと、この方法だと、定性面、特にターゲットの行動やインサイトが炙り出されないため、ブランド戦略、広告戦略、PR 戦略などには落とし込みにくいことが多くなります。

良い課題は複数の問題を
一気に解決に導く

　課題を見つける視点について、私には好きな言葉があります。
　世界的に有名なゲーム「マリオ」の生みの親である、任天堂の宮本茂さんの言葉です。

アイデアとは複数の問題をいっぺんに解決するもの

　宮本さんは「マリオ」を制作する際に、複数の制約（課題）を、キャラクターをジャンプさせることで乗り越えたというエピソードが有名です。
　「マリオ」に限らず、宮本さんは、さまざまゲームの制作において、多くの問題に直面し、それらを個別に解決するのが難しいという状況に何度も立たされたり、複数の問題点を一手で解決することを求められてきたのではないかと思います。

　マーケティングも同様です。自分としては、すべての問題点を解決したいと思っても、すべてを解決するための施策を実行するには、予算、時間、人員が足りません。つまり、コストの制約があります。ですから、ゲームの制作と同様に、1つの打ち手でなるべく多くの

問題点を同時に解決することが求められるのです。

課題を特定するために「因果関係」を整理する

では、複数の問題を解決する方法をどのように見つけていけばよいのでしょうか？

あらゆる事象には、それを引き起こした原因が存在します。ですから、**課題を特定する際には、まず事象と原因の「因果関係」を整理していくことからはじめていきます。**

下の図はダイエットについて、事象や原因、解決策などを思いつくままに書き出して、関係がありそうなもの同士をつなげてみたものです。

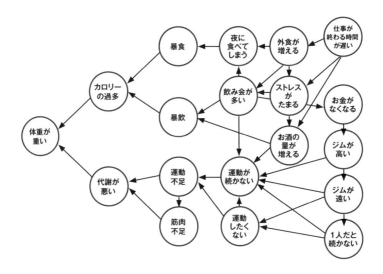

この図は、本書の執筆のために用意したものなので、ざっと思いついたものをまとめています。しかし、実際に仕事でこうした図を描くときは、**顧客インタビューを通じて、要素を丁寧に洗い出していきます。そして、顧客の発言や行動などの事実面だけでなく、感情面も要素として入れ込むようにしています。**

　話をダイエットの例に戻しましょう。

　体重が重い原因としては、「摂取カロリーが過多である」ことと「代謝が低い」ことが挙げられるでしょう。

　そして「摂取カロリーが過多である」理由は、「暴食や暴飲をしている」からと、分解していくのです。これらの要素については抽象度によってさらに細かくすることもできますが、まずは一度思いつくままに書いてみてから、抽象度を検討するというやり方がいいでしょう。

　書き出したら、次は要素同士の因果関係の矢印で結んでいきます。

　たとえば、原因「ストレスがたまるからお酒の量が増える」→結果「お酒を飲むから運動が続かない」といった具合です。

　1つの要素に対して1つの矢印だけとは限りません。1つの要素が複数の要素につながっていることもあります。要素をつなげていくと、人間の行動にはさまざまな要因が絡み合い、相互に作用していることがわかります。

　整理したあとに、各要素につながっている矢印の数をカウントします。

　たとえば、「飲み会が多い」には6本の矢印が出入りしているため、「6」と記載します。

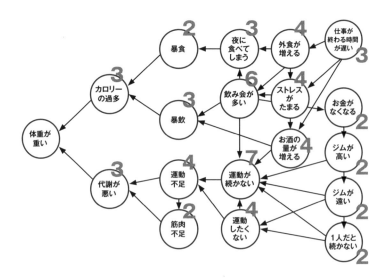

　つながっている矢印の数が多い要素が解決しなければいけない課題です。なぜなら、**複数の問題と絡み合っており、ここを解決することでさまざまな問題点を一気に解決できる可能性が高い**からです。

　このダイエットの例では、つながっている矢印の数が多い要素は次の2つです。

飲み会が多い：6個
運動が続かない：7個

　これを課題、あるいは課題仮説の形にすると、多少推測を加えることが必要ですが、次のようになります。

飲み会が多い＝飲み会を減らす、あるいはダイエットに活用するにはどうしたらよいか？

運動が続かない＝運動を続けられるようにするにはどうしたらよいか？

　体重を減らすためには、この2つを解決することを考えればよいことになります。

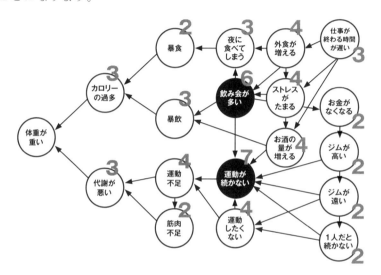

　この課題特定方法のメリットは、多くの要因と関係している部分を**「ここを解決することで、施策の影響を最大化できる」**と見える化できることです。まさに、宮本さんの言う「1つのアイデアで複数の問題を解決する」ことが実現できます。

　ただし、売上などの数値を考える場合は注意が必要です。
　この図には数値的なインパクトの大きさが表現されていないので、洗い出した要素を課題仮説としながら、それを解決することでどのような定量的な効果があるかを検証することが必要になります。

ダイエットの例であれば、定量的には基本的には摂取カロリーと消費カロリーという2つの数値が問題となります。

　たとえば、「飲み会1回あたりの摂取カロリーがどれくらいなのか？」をきちんと算出したうえで、「飲み会に参加する回数を減らせるのか？」「参加したときにお酒や食事の量を減らせるのか？」を考え、「減らすことで、どの程度、摂取カロリーを継続的に減らせるのか？」「飲み会を減らすだけでなく、運動をして消費カロリーを増やす必要があるのではないか？」などを考えることが定量的な検証になります。

　これが仕事であれば、**ある課題を特定したときに、それを解決することで「売上は何％増えるのか?」、あるいは「売上向上を妨げる要因の何％を排除できるのか?」といった定量的な効果を算出していきます。**

　もちろん、予算や実現可能性の面で解決できること／できないことはあるので、この方法を使えばすべてがうまくいくとは限りません。しかし、少なくとも、因果関係を整理し、解決しなければいけない課題を特定することができます。ぜひ、普段のお仕事で試してみてください。

良い課題設定は
良い戦略を生み出す

　最初に述べたように、課題設定ができれば、解決策（＝戦略）を考えることの半分は、終わったも同然です。ただし、悪い課題設定

をしてしまうと、悪い戦略を生み出すことになってしまいます。ですから、良い課題設定をすることが非常に重要になるのです。

　悪い課題設定とは、「その課題を言われても、どうしたらいいのかわからない」、あるいは「どうすることもできない」というものです。
　つまり、悪い課題設定のほとんどは、「問題」を課題と設定してしまっている場合です。
　先ほど説明した問題と課題の違いをもう一度確認してみましょう。

問題：発生しているネガティブな事柄
課題：そのネガティブな事柄を解決するために行なうこと

　たとえば、次のようなものは悪い課題設定です。

・売上が目標に30％足りないから、増やしたい
・会員数が上期で目標未達なので、下期に盛り返したい
・お客様からのクレームが減らない

　これらはすべて問題を課題としているだけで、解決すべきことを示していません。これでは「どうしたらいいのかわからない」し、「どうすることもできない」のです。

　むしろ、そのような状況にあるのであれば、課題を「売上が足りない要因を特定する」ことに設定して、まずそのことを集中的に考えるべきです。

正しく課題設定ができれば、それだけでほぼ問題が解決していることになります。なぜなら、解決のための施策を考えやすいですし、意思決定もしやすくなるからです。

常に「解決しなければいけない課題は何なのか?」に立ち返る

　皆さんは、仕事やプロジェクを進めていて「何かうまくいかないな」と、立ち止まってしまった経験がないでしょうか?

　もちろん、私も若い頃に何度かありましたし、今でもたまにあります。

　そのようなことが起こる理由の大半は「何を考えなければいけないかわからなくなったから」です。言い換えると「何を解決しなければいけないのかがわからない」ということです。

　ですから、**私は仕事でプロジェクトで立ち止まりそうになったら、「解決しなければいけない課題は何なのか?」に常に立ち返るようにしています。**

　前職時代に、「スポーツチームのスポンサーメニューを作り直す」という仕事をしたことがあります。

　このチームは地元のファンに愛されており、成績も良かったので、地元企業のスポンサーは決まりますが、大手企業のスポンサーが決まらないという状況でした。

　全国を相手に事業をしている大手企業からすると、観客動員数が少なく感じられ、リーチの観点からいって、価値を見出しにくい

ということが理由でした。

このときは、リーチだけでなく、「商品の興味喚起をインパクトを持って実施できます」ということを設定し、メニュー作りをしたのですが、それもなかなかうまくいかない状況でした。

そこで、いったん課題に立ち返ることにしました。

それまでは、ずっとスポンサーメニューとして広告枠を売ることを考えていました。しかし、よく考えたら、「そもそも大手企業にスポンサードしてもらうために、わざわざ広告枠を売る必要はないのではないか」と気づきました。

スポーツチームには選手やスタッフ、ファンなどのさまざまなアセット（資産）があります。それを活用して商品開発ができる仕組みにすればいいのです。

そこでスポンサーメニューを「イノベーションパートナー」として名前を変え、企業とスポーツチームが新しいイノベーションを起こすためのパートナーの枠組みとして設定し直しました。

このように「そもそも」に立ち返り、「何が制約になっているのか？」「何を変えていいのか？」を考えてみることが、前進のきっかけになることはよくあります。

また、アイデアや具体施策を提案することが好きな人にありがちなのですが、アイデア単体で提案しても、ただの思いつきと思われてしまいます。特に相手が企業の場合には、「なぜそれをやるのか？」を明確にしないと、相手は意思決定できません。

そういった人は、アイデアを考えるだけなく、相手がそのアイデアを採用することで「どのような課題を解決できるのか？」がわかるようにすることまで意識する必要があります。

　たとえば、

「ポップアップイベントを実施しましょう」

ではなく、

「SNS 上にポジティブなコメントがありません。ですから、SNS 上での検索対応をするために、ポップアップイベントを実施しましょう」

とすることで、説得力が増し、アイデアを提案しやすくなります。

────・ ワークシート（166〜167ページ）

　あなた自身のテーマや、仕事で扱っている商品／サービスについて因果関係を整理して、課題を考えてみましょう。課題を見つける手順は次の通りです。

①要素を洗い出す
②要素の因果関係を矢印で結ぶ
③矢印の数を数える

「なぜそれが起きているのか？」を深堀りして、できるだけたくさんの要素洗い出してみましょう。

　慣れていない人には、要素の洗い出しは難しいかもしれません。しかし、何事にも訓練が必要です。課題を発見できるようになるためには、この作業に慣れておく必要があります。

　また、因果関係については厳密につなぐ必要はありません。「関係がありそうだな」と思うところをつなぐくらいで OK です。最終的に正しさを検証するには定量調査が必要になるので、まずは課題を発見するつもりでやってみましょう。

因果関係の整理と課題の発見

「　　　　　　　　　　　　　　　　　　　　　　　　」の場合

▼

課題設定

因果関係の整理と課題の発見

ダイエットの場合

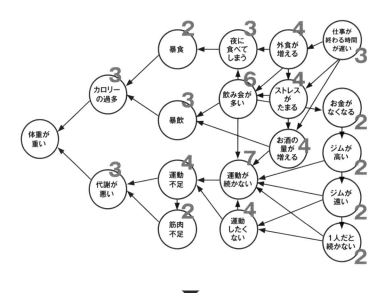

▼

課題設定

- 飲み会の回数を減らす
- 運動を継続する

提案性を持つ

提案性が人を動かす

「提案性」という言葉は耳慣れないかもしれませんが、「提案された側が提案された内容に価値を感じること」と思っていただければと思います。

「考えること」の目的の大半は、人を動かしたり、チームを動かしたり、クライアントを動かしたりすることです。そのためには提案された側が「これは検討する価値がある」とか「ぜひやってみたい」と、心が動かされ、意思決定してもらうことが必要になります。

成果をあげるためには人を動かす必要があり、人を動かすためには提案性が必要なのです。この提案性を意識的に考えて作ることで、あなたは今よりも大きな仕事を手がけたり、より大きな成果を得られるようになるでしょう。

第**8**章
「考えること」は
「目標を再設定すること」

仕事やプロジェクトには
必ず「目標」がある

あらゆる仕事には「目標」があります。中には「自分の仕事に目標なんてないかも……」と感じている人もいるかもしれませんが、見えにくいだけで必ずあるはずです。たとえば、総務などの方であれば、売上貢献が見えづらかったとしても、「社員の生産性を上げる」などはあるはずです。また、清掃スタッフだとしても、今日はいつもよりきれいに早く終わらせることでもいいですし、使っている人に気持ちよく使ってもらうこともあるでしょう。あるいは、飲食店のアルバイトスタッフで売上目標がなかったとしても、お客さんに満足して帰ってもらうことを目標としてもいいのです。

目標があるといいことがあります。目標があると、そこに向かって成長し、成長を実感することができます。成長を実感できることが、充実につながっていきます。なので、目標を認識することは非常に重要なのです。もし、「自分の仕事には目標なんて、絶対にない！」と言い切れるのであれば、今の仕事は辞めたほうがいいかもしれません。

さて、目標には短期的な目標もあれば、中長期的な目標もあります。短期的な目標とは、たとえば「今週中に受注を 10 件取る」「今月中に売上を 1000 万円にする」といったことです。一方、中長期的な目標とは「今年の売上を昨年対比で 150% にする」などといったことです。

　また、目標の設定の仕方はさまざまですが、多くの会社やプロジェクトには、売上目標が設定されているでしょう。あるいは、会社の人事部であれば、面談人数や採用人数などが目標として設定されているでしょう。たいていの場合、このように定量的に設定されています。

　ただし、定量的な目標設定には、次の 2 つの問題点があります。

　1 つ目は、定量的な目標設定においては、短期目標と中長期目標を設定する必要があるのですが、その数値に意味を持たせることができるかどうかがカギになります。そもそも、「数値の意味を誰が決めるのか？」「メンバーが納得できるのか？」などが問題になります。

　2 つ目は、定量的な目標設定がされていたとしても、定性的な目標設定がなされていない、つまり「目標が達成されたときに、どんな状態になるのか？」が設定されておらず、メンバー間に認識のズレが発生していることがあります。

　たとえば、「1 年間で商品の売上を 2 倍にする」という目標を設定したとしても、それは「少数のファンに愛され、何度もリピート

購入されることで達成される」のか、それとも「多くの人たちが1〜2回、購入してくれることで達成される」のかでは、状況が大きく異なります。そして、その違いはのちの事業展開に大きな影響を与えることになるでしょう。

　あるいは、「製品のブランド認知度を50％に向上させたい」という目標を設定したとき、「洗練された工業製品」をブランドイメージにするのか、それとも「職人が1つ1つ手作りした」をブランドイメージにするのかで、戦略も戦術もまったく変わってきてしまいます。

　ですから、**定量的な目標設定だけではなく、定性的な目標設定を定めることで、関係者全員の認識をすり合わせることが必要なのです。**

　この章では、定量的な目標設定と、定性的な目標設定をすることの意味と考え方について解説します。

　また、この章のタイトルを「『考えること』は『目標を再設定すること』」とした理由は、**多くの目標は適当に設定されている**からです。
　たとえば、多くの企業では「去年はこうだったから、今年はこうしよう」とか「去年の売上の1.5倍にしよう」などと、それほど深く考えずに目標が設定されがちです。

　この適当な目標設定の意味を改めて作り直すことで、大きなマーケティング価値が生まれます。その意味で、「目標を再設定すること」

は「考えるべきこと」だと思っています。

**「目標を再設定すること」ができれば、あなた自身の仕事の価値が
向上することはもちろんですが、チーム全員が同じ方向に向けて前
進できるという大きなメリットもあります。**

正しく魅力的なゴールを設定することで、
チームが動き出せる

　本来、仕事とは、「現状と目標の間にあるギャップをいかに埋め
るか？」がテーマになるべきなのですが、会社員の場合は会社から
目標を与えられることが多いため、自分で考えたことがない人が多
いかもしれません。

　経営層やマネジメント層でもない限り、自分で目標設定をする機
会は少ないでしょう。

　しかし、**良い戦略は良い目標設定から生まれることが多いのが事
実です。**納得感のない目標では、それを達成する意欲は上がりま
せんし、結果的に達成できないことにもつながってしまうでしょう。

　それゆえ、目標設定は経営指標からブレイクダウンして設定され
ることが多いのですが、そうすることで往々にして、非常に魅力的
ではない、**個々の社員にとってどうでもいい目標になってしまいがち
です。**

　「目標設定に納得感がない」と、多くの人が前向きに仕事を進め
ることができません。単に「この数字を達成しろ！」と上から押し

付けられただけでは、人間はテンションもモチベーションも上げることができないのです。

　良い目標設定のポイントは2つあります。

　1つ目は、**短期目標と中長期目標をの2つを設定することです。**
　短期目標には、達成できそうな現実的な数値や状態を設定します。ただし、「現実的」といっても、楽々達成できる目標ではなく、努力すれば達成できるレベルの負荷をかけたストレッチした目標です。

　一方、中長期目標には、努力しても達成することが難しい数値目標や状態目標を設定します。 がんばれば到達できる目標に設定してしまうと、ほとんどの人は努力だけでそこに到達しようとしてしまいます（たとえば、ある一時期だけ仕事を詰め込むなど）。
　そこで、あえて努力するだけでは到達できない目標を設定することで、頭をフルに使ってアイデアを出す必要が生じるようにします。その結果、各人がこれまで持っていなかった新しい能力を身に付けたり、これまでとは違う新しいことに取り組まなければいけなくなります。

　たとえば、売上を2倍にするのではあれば、努力だけで何とかできるかもしれませんが、10倍に設定されたら、これまでと違うことをやらざるを得ません。たとえば、新商品を開発したり、新しい販路を開拓したり、他社との協業を模索するなどといった「新しいこと」に取り組まざるを得なくなるでしょう。

　2つ目は、**「その目標を達成することによって、どのような世界が**

拓けるか?」のイメージを明確にすることです。

たとえば、ある領域でナンバーワンを獲得できれば、そのファクトを用いてプロモーションができる、他社とコラボできるなど、マーケティング施策の広がりが生まれます。

このように、目標を達成した先に何が得られるのかが見えなければ、人はがんばれるものではありません。目標を達成する意味を、みんながしっかりと持つことは大切なのです。

繰り返しになりますが、目標は会社から与えられることが多いのですが、**与えられた目標を理解しながらも、目標を自分なりに再設定し直す**——その視点を持つだけで、自分自身を前向きにすることができ、ひいてはそれがチームを動かす原動力になります。

事例:SNSアカウントの運用における目標設定

ある企業のSNSアカウントの運用のコンサルティングをしていたときのことです。基本的にはSNSアカウントは集客を目的に利用することが多いのですが、集客の視点から見た場合、デジタルの運用型広告と比較するとSNSのROI(費用対効果)は劣る場合が多い。つまり、コストをかける意味合いが薄いのです。

多くの会社で「SNSをやらなければいけない」ということまではわかるが、「経営的にどのようなメリットがあるのか?」が曖昧なまま進んでしまい、積極的に投資できない状況になっています。

私が担当した企業でも、中長期的には認知やマインドシェアを獲

得するためには SNS を活用することが重要なのはわかっているのですが、短期的にはコストを投下する理由（メリット）を見つけることが難しい状態でした。フォロワー数やエンゲージメント率などは数値として把握できるのですが、それがどのように経営に関係するかがひも付けられていませんでした。

　議論を重ねたあとで、私が提案したのは「**短期目標として SNS プラットフォーム上における該当カテゴリの中でナンバーワンのフォロワー数を獲得する**」でした。

　理由は、ナンバーワンというファクトをマーケティングに活用できるから。たとえば、そのファクトを広告に活用したり、ナンバーワンのフォロワー数を持ったアカウントとしてほかのアカウントにコラボを提案することもできます。

　結果的に、この提案は受け入れていただくことができました。
　つまり、**はじめに定量的な目標値を設定し、それを達成した次の段階においてもたらされる定性的な価値を提案したことに価値を感じてもらえたということです。**

　このときは、定量的には目標フォロワー数は数万人であり、定性的には「該当カテゴリでナンバーワン」を設定したのですが、これにより担当部署の人たちとともに共通のゴールに向けて進めるようになりました。

定量目標を
自社の時間軸だけで設定しない

　定量目標は、短期目標では毎月、四半期などで設定されていることが多く、中長期では毎年で設定されていることが多いでしょう。もちろん、この数字は重要ですし、達成に向けて進んでいくためにも必要です。

　しかし、自社内だけの指標を見ていても、あまり魅力的な目標と感じません。もちろん、目標を達成できたらうれしいことは確かなのですが、目標を達成することが社会にとってどのような意味を持つのかがわかりにくく、モチベーションが上がりません。それを解消するには、定量目標に自社以外の視点を取り入れることをおすすめします。

　自社以外の視点で定量目標を設定する際の軸は2つあります。

　1つ目は業界軸です。「競合企業よりもシェアを取る」「平均売上単価を上げる」といった売上以外の視点で他社よりも高い価値を提供することを目指します。

　2つ目は社会軸です。競合企業ではなく、社会全体に対して価値が提供できるかどうかを考えます。
　たとえば、顧客満足度やリピート率などの数値を上げることや、「廃棄率を下げる」といった環境への対応などが考えられます。短期的な売上ではなく、自分が働いていることの本質的な価値を可視化することの意味は大きいです。

ちなみに、イーロン・マスクが経営するスペースＸは、IR（投資家に向けた経営状況や活動の報告）のタイミングで、「単位あたりの宇宙への輸送コスト」を発表しています。イーロン・マスクは人類の火星進出をビジョンとして掲げており、そのためには輸送コストを下げることが重要になるからです。経営指標だけではなくこの指標を追うことが、スペースＸにかかわる多くの人たち、従業員、投資家などのモチベーションを高めているのです。

定量目標と定性目標の両方を設定する

　ここで、改めて「定量」と「定性」について整理します。

　「定量」は、物事を数値や数量で表すことができる要素のこと。「定量的」とは、物事を数値や数量に着目して捉えることです。

　「定性」は、定量とほぼ反対の意味で、物事のうち数値化できない要素のこと。「定性的」とは、物事を数値化できない部分に着目して捉えることです。

　仕事においては、たいてい定量目標は設定されていますが、定性目標が設定されていることはあまりありません。

　定量目標には次のようなものがあります。

・１年で50店舗増やす
・前期比20％増の売上を達成する
・消耗品費を前期比5％削減する
・毎月の残業時間を平均10時間以内に抑える

これらは、皆さんも見慣れているのではないでしょうか。

定性目標は次のようなものです。

・顧客満足度を向上させる
・今後伸びそうな新市場を開拓する
・グループの課題を解決する提案をする
・本社を〇〇に移転する

先ほどのSNSアカウントの事例で定性目標とした「フォロワー数ナンバーワン」は、数としては定量ですが、状態としてのナンバーワンは定性を設定しています。定量と定性の両方の目標を設定することで、その状態を達成することにマーケティング的価値が生まれ、会社として前向きに取り組めるようになりました。

定性目標を定めるメリットは、2つあります。

1つ目は、定性的な目標を定めることにより、そこに達するまでに足りないことが明確になること。
たとえば、「3年後に業界ナンバーワンの売上」という定量的な目標を設定したとします。それと同時に、「売上が業界ナンバーワンとなったときに、その商品は業界や消費者からどのように思われていますか?」という質問に対して「消費者から商品が信頼されている状態です」という定性的な目標を設定できれば、売上を上げるだけではなく、品質の高さを周知するための施策や、口コミを促進するための施策も必要になってきます。
定性目標を定めることで、定量的な目標を達成できたときの状態

を想像できるようになり、それに足りない部分を明確にすることができます。

2つ目は、定性的な目標を定めることにより、目標を達成したあとの未来を議論できることです。

たとえば、「売上で業界ナンバーワンになる」と定量的な目標を設定しても、そのあとは「どこに向かっていきたいのか？」を決めなければ、進むべき方向が曖昧な状態のままです。

つまり、5年後になりたい状態があるからこそ、その手前の2、3年後の状態が設定できるのですが、将来まで考え切れていない会社も多い。その場合には、「定量的な目標設定の先にはどのような未来があるのか？」のパターンをいくつか設定し、議論するとよいでしょう。

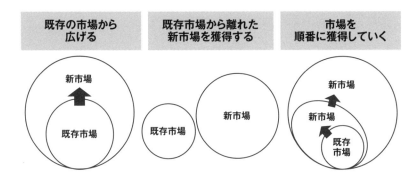

たとえば、メガネメーカーであればメガネ業界でシェアナンバーワンになったあとに、どの領域に広げていくのかが重要です。

アパレル業界の市場を取りにいくのか、美容業界の市場を取りにいくのは大きく異なります。

人のお金が出て来る財布は同じですが、アパレルは嗜好品であり、ブランドとしての付加価値を付ける必要があるかもしれません。

　一方、美容業界はコンプレックス商材であり、コンプレックスを解決するための商品開発をする必要があるかもしれません。

　未来を考える必要があるのは、一度ブランドを築いてしまうと、ほかの領域には進出しにくくなってしまうからです。たとえば、アパレル業界市場を獲得するブランドとしたあとに、美容業界に展開するのは難しいということがあり得るのです。

　未来を見据えることで「今何をするべきなのか？」「どのような定性目標を設定するべきなのか？」が変わってくるのです。

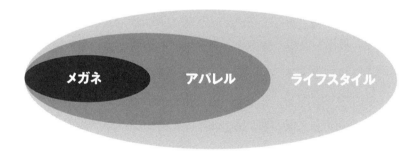

良いプロジェクトは、
目標が魅力的である

　皆さんは、これまでにモチベーションが上がったプロジェクトと、そうでもないプロジェクトの両方を体験したことがあると思います。両者の違いは何なのでしょうか？

メンバーのモチベーションが上がる**"良いプロジェクト"は、目標が魅力的なのです。**

　伸びている企業の経営層は魅力的な目標を設定し、社員に伝えることで、モチベーションを上げて、目標達成の推進力としているのです。そして、目標を魅力的にするには、売上などの定量的な目標だけではなく、「それを成し遂げたことによってどのような状態になるのか？」「どのような社会的な価値があるのか？」という定性的な目標設定も必要不可欠です。

　この考えは、経営層／マネジメント層だけの仕事ではありません。チームリーダーや一般社員にとっても、あらゆる仕事やプロジェクトにも使える考え方です。

　私の場合は、自分がクライアントと向き合って、クライアントに対して目標の再設定の提案を行なうことが多いです。売上やKPIの定量的な目標はすでに存在するため、定性的な目標を提案します。

　たとえば、「この仕事はこのような"やる意義"がある」「この仕事はこちらの方向に進めば社会的価値が高い」とすることで、クライアントと外部パートナーである私たちが1つのチームとなってプロジェクトを前に進めていくことができるようになります。

　また、目標設定は自分自身に対しても重要です。あなた自身が定性的な目標を設定することで、自分を鼓舞し、前進させつづけることができるのです。

　その意味で、**「目標の再設定」はリーダシップをとるための必須スキルともいえます。**これを身に付けることで、大きな仕事を成し遂げることができるようになります。

———・ ワークシート（184〜185ページ）

　あなた自身のテーマや仕事について、次の2つの目標を設定して
みましょう。

・**定量目標**
・**定性目標**

　定量目標は、自社や自分の仕事だけでなく、業界軸や社会軸で設
定できないか検討してみましょう。設定できるまでに、業界や市場
のことを調べる必要があると思います。調べる作業はきついかもし
れませんが、しっかり作り込むことで目標に意味が生まれます。

　定性目標は、自分が設定した定量目標が達成したときに、あなた
が担当している商品／サービスが「どのような状態になっている
か？」を考えてみましょう。「多くの人に愛されているかどうか？」
「社会はどのように変わっているのか？」など、数値ではなく「商
品／サービスが世の中にどのように存在しているのか？」を設定で
きるかを考えてみましょう。

テーマ「　　　　　　　　　　　　　　　　　　　　　　　　　」

定量目標

定性目標

テーマ 「 経理系のSaasサービス 」

定量目標

短期的目標

- 1年間で会員数を3倍にする
- 顧客満足度9割以上を獲得する

中長期的目標

- 3年間で会員数で業界ナンバーワンになる

定性目標

短期的目標

- オフラインでもオンラインでも、利用者の良い口コミが起きている状態を作る

中長期的目標

- 経理で働く人が自分の仕事に誇りを持ち、創造的な仕事に時間を割くことができている状態を作る

Interview

サイバーエージェント　マーケティングディレクター
西 賢吾

クライアントの社内で
浸透させる言葉を考える

西さんは、普段どのようなステップで考えていますか？

僕は戦略側なので、よくやるやり方は、お客様からオリエンテーションをいただいて、KGI や KPI などの定量的な目標を共有したあとに、そこから大きな定性目標やミッションとして状態定義から考えはじめることが多いです。

状態定義とはどのようなイメージですか？

KPI を達成するときに、「どのようにターゲットの芯に食い込んでいくか？」「世の中をどこまで持っていけるとベストな状況なのか？」「クライアントの商品が業界の中でどう評価されている状態なのか？」などの定義ですね。そこから 1 回言語化することが多いです。

そこの部分をお客様と会話しながらすり合わせていくと、だいたい

クリティカルな課題が見えてきます。「ここが全然足りない」とか、「これをしないといけない」とか。そこから要素分解をして、メディアで担保しないといけない部分、企画で担保しないといけない部分を分けていきます。

もちろん、両方複合技でやらないといけないこともあるのですが、目標に対して、企画で乗り越えなければいけないこと明確にするのがファーストステップになります。

考えなければいけないことを明確にするということですね。状態定義にもいろいろなパターンあると思うのですが、どのような形が多いですか？

たとえば、「愛用者が自発的に声をあげている状態まで」などですね。

そこから考えなければいけないことを「企画」と「メディア」に分けたときに、認知度が足りない場合にはメディアで担保できる部分があるじゃないですか。

もちろん、認知の獲得を企画で超えていくというパターンもあります。しかし、それを第一優先にしてはいけないパターンも多々あると思っています。担保しないといけないものを認知にしてしまうと、企画やクリエイティブの幅も狭まるし、企画のコアも生まれて来ない。
だから、企画の真ん中として、「これは絶対に担保しないといけないことは何なのか？」を突き詰めていくという作業を1回するんですよね。

たとえば、カテゴリーの中でまだ世の中に受け入れられていないことを打ち出そうとする商品の場合、「そもそもユーザー自身の意識改革をしないといけない」となる。そうしたときに、「メディアで意識改革は担保できないから、企画で担保しないといけない」というイメージです。

よく理解できました。西さんの役割は、企画で担保するものとメディアで担保するものを分けるところまで、というケースが多いですか？

もうちょっと考えることも多いです。

僕は、言葉から着想を得ることが多いタイプなので、たとえば、「消費者の意識改革をしないといけない」となったときに、僕はキーワードツリーの Web 版みたいなことをずっとやります。たとえば、意識改革というワードをググりつづけたり、類語辞典やウィキペディアなどを使って言葉のデスクリサーチをひたすらやることが多いです。ウィキペディアを見ていると、けっこう脱線してしまうことも多いのですが、リサーチの途中で面白い記事も出て来て、自分の知識にもなるし、小ネタにもなったりします。

「意識改革」を調べていたら、この前は「マネジメント」に突き当たったんですよね。
意識改革でマネジメントのフレームに沿うと、「従業員の話を傾聴する」ことと、「従業員にとって最適な目標を作る必要がある」ということになります。そうしたときに、この2つからコミュニケー

Interview
クライアントの社内で浸透させる言葉を考える

ションのフレームを着想するといった形です。

類義語から着想を得ていくやり方はすごく参考になりますね。ところで、ストラテジックプランナーとして戦略やコミュニケーションコンセプトを作るときに心がけていることはありますか?

戦略コンセプトは、提案やコンペにおける役割は重要ですが、基本的には世に出ませんよね。僕は、戦略コンセプトは、マーケティング部門以外の営業部などの人に対して「今回はこの戦略でこんな活動をしていく」ということを浸透させるための言葉として大事だと思っているんです。

だから、いい目標、いい戦略だと、クライアントの社内でしっかり浸透して、マーケティング部だけではなく、営業部やその他関連部署もその戦略コンセプトに基づいて渉外活動などができるようになります。このことはプロモーションを成功させるために重要です。そのために戦略コンセプトを書いている面も強いです。

僕も入社1年目に先輩から「クライアント社内の上申資料を書いていると思え」と言われたことがあります。

そうだと思います。コミュニケーション戦略は消費者を動かすための戦略ではあるのですが、同時にクライアント側のたくさんの人たちを動かすことも重要です。だから、クライアント自身が動ける戦略を書くことは、意識しているポリシーの1つとしてあります。

それから、広告代理店という立場にいる以上は、お客様と同じ発想

だといけないじゃないですか。いかに、新しいというか、クライアントが考えていないことを提案しないと、存在価値はないのかなと。ですから、起承転結の起承をしっかりまとめていくこともしつつ、転の部分の力を入れなければいけないと思っています。

とても共感することができました。ありがとうございました。

Profile
西 賢吾 (にし けんご)

株式会社サイバーエージェント　広告事業本部
マーケティング事業部　WHOWHAT 局　局長
2014 年度サイバーエージェント新卒入社。営業マネージャーを経て、ストラテジックプランナーへ転向。2020 年より現職。ナショナルクライアントを中心に、デジタルを起点とした統合的な戦略立案／支援に従事。

第9章

「考えること」は
「両立させること」

ビジネスではトレードオフがよく起こる

「お金も時間もないのにできるわけないじゃないか」──そんな経験は誰にでもあるはず。

上級編のテーマである「提案性」を持つためには、難しい状況に取り組むことが必要です。その中でも、特に「トレードオフ」について注目します。

トレードオフは、Wikipedia では次のように定義されています。

何かを得ると、別の何かを失う、相容れない関係のことである。平たく言うと一得一失（いっとくいっしつ）である。対義語は両立性。トレードオフのある状況では具体的な選択肢の長所と短所をすべて考慮した上で決定を行うことが求められる。

簡単に言えば「あちらを立てればこちらが立たず」の状況を指すのですが、このトレードオフを解決することで、提案性を持たせることができます。

トレードオフになっている例

トレードオフになっていることはたくさんあります。
たとえば、次のようなことです。

・使えるお金とその範囲内で実現しなければいけない業務
・納品までの時間と求められている品質のアウトプット
・今使える人員と、やらなければいけない業務量

　企業で働いていたり、自分で事業をしている方のほとんどが心当たりがあるはずです。むしろ、トレードオフと常に戦いつづけているという人のほうが多いかもしれません。

　トレードオフは「あちらを立てればこちらが立たず」になっている状況ですので、一般的には「優先順位をつけてどちらかを選ぶ」という解決策をとることになります。
　ただし、企画者やアイデアを考える人はそれを乗り越えることをあきらめてはいけません。ここでは、トレードオフになっている状況を解決する方法を解説します。

トレードオフを解決するためには、ゲームを変える

　トレードオフの状態にあるとき、トレードオフになっている項目を眺めているだけでは解決しません（努力で何とかするというケース

は多々ありますが)。

　ここで意識したいのは「ゲームを変える」ことです。「視野を変える」とか「土俵を変える」と言ってもいいかもしれません。**今いる状況そのものをガラッと変えることはできないかを考えるのです。**

　感覚的な話になってしまいますが、スポーツでたとえると、サッカーを野球に変えるほど大きな変化の必要はありません。せいぜいサッカーからフットサルくらいの変化でよいのです。場合によっては、ルールを1つだけ変えるくらいでもよいかもしれません。

　必要なのは視座を上げることです。**目の前だけしか見えていない状況から、視座を上げて状況全体を俯瞰してみましょう。** 具体的に言えば、自分の部署のことだけでなく他部署のことを考えてみたり、自社だけでなく他社のことを考えてみましょう。

　最初は難しいかもしれませんが、ゲームを変えるために「視座を上げる」「視野を広げる」ということを強く意識しましょう。

事例：
業務向けプリンターのプロモーション

　私が前職時代に担当した案件の話をします。

　業務向けプリンターのプロモーションの企画検討においてトレードオフの状態に陥ったことがあります。

「中小企業向けの業務用レーザープリンターの購入を促進したい、目標数値はこのくらい」という与件がありましたが、使える広告費が少ないためテレビ CM は難しい。また、ターゲットが狭いため、効果的なメディアも限られるという状態でした。「お金」と「成果」のトレードオフです。普通にやっていたら目標を達成できません。

　私が考えたのは、**「無料の Web サイト作成サービスを提供している企業と協業する」** でした。

　プリンターのターゲットである中小企業の多くは、経営層や管理職の平均年齢が高く、「Web サイトを持ちたい」とは思っているものの、「どうやって作ればよいのかわからない」という状態でした。それと同時に中小企業は、「すでにプリンターは持っているけれど、多少古くてもまだ使えるので新しいものに買い替えようとは思っていない」状態でもありました。

　そこで、私は、Web サイト作成サービスを提供している企業の協力を得て、「業務用プリンターを購入された会社に限り、無料で Web サイトを作って納品します」というキャンペーンを設計しました。
　通常であれば、このような販促の場合は「抽選でキャッシュバック」というようなキャンペーンを実施するのですが、それだと従来の施策と同じで、インパクトが足りません。そこで、当時、多くの中小企業が欲しがっていた Web サイトを商品購入のインセンティブに設定したのです。

　Web サイト作成サービスを提供する企業にとっては、Web サイ

トを欲しがっている中小企業は、「継続的に利用してもらえる可能性が高く、またアップセルの可能性もある」有望な潜在顧客です。こうした顧客が増えることにメリットを感じてくれたため、サービス提供だけでなくキャンペーンの告知にも協力していただくことができました。

結果、「Webサイトを持つことができるのであれば、プリンターを買い替えてもいい」と、多くの中小企業が購入してくれました。

これは1つの事例ですが、このほかにもトレードオフを解決する方法はいくつもあります。以降、私がよく使う方法をご紹介します。

トレードオフを解決するための
3つの視点

企業活動には、企業対顧客の関係性だけではなく、企業間の関係性も含まれています。**トレードオフを解決するには、自分の目の前にある変数だけにとらわれるのではなく、別の企業や担当者の視点まで広げてみることが必要です。**

あなたが必要がないと思っているものでも、必要だと思っている人は必ずいるはずです。そこまで考えてみることで、トレードオフを解決する糸口を発見できるようになります。

私がトレードオフを解決するときの視点は次の3つです。

〈視点①〉3つ目の要素（変数）を考える

〈視点②〉 自社の課題と他社の課題をぶつける
〈視点③〉 ターゲットが同じ企業やサービスを見つける

　3つの視点のそれぞれが異なる解決策を導くということではなく、あくまで「トレードオフを解消するための方法を見つける視点」と理解していただければと思います。

〈視点①〉
3つ目の要素（変数）を考える

　1つ目の視点は、トレードオフになっている2つの要素に対して、新たに3つ目の要素を足してみることです。

　たとえば、次のようなことです。

・「時間」と「クオリティ」の2つがトレードオフの関係にあれば、3つ目の要素「人員」で変えることができないかを考える
・「お金」と「業務量」の2つがトレードオフの関係にあれば、3つ目の要素「納品物」で変えることができないかを考える

　2つの要素だけにとらわれると、視野が狭くなります。その結果、誰かが苦しむことになる手段を選択しがちです。しかし、3つ目の要素を取り入れることで、全体のバランスを変えることができます。

　たとえば、AとBという2つの要素だけで考えていたとしたら、「新たにCという要素を追加することで状況を変えられないか」を考え

てみるのです。

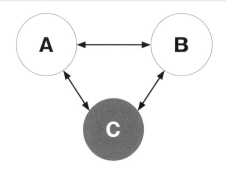

先ほどのプリンターの事例で言うと、「お金」と「成果」という
2つの要素のトレードオフ状態に、新たに「インセンティブ」とい
う要素に加えました。

通常であれば販促キャンペーンのインセンティブは「キャッシュ
バック」ですが、それを「Web サイト」に変えることと、Web サ
イト作成サービスを提供する企業のメリットを構築することで、限
られた予算内で最大の効果をあげることができました。

この **「変数を増やす」という意識はビジネスパーソンは強く持っ**
たほうがよいと考えています。

社会人は自分の役職が上がっていくにつれて、自分のかかわる領
域、考えなければいけない領域が増えていくものです。

つまり、これは自分の扱っている変数、扱わなければいけない変
数が増えていくということです。

「昇進したければ二段上の人と同じ視野を持て」とよくいわれま
すが、それだとなかなか具体的な行動に落とし込みづらいことがあ

ります。その際に、今までは考えなかった変数を考えてみることを意識すると良いです。

〈視点②〉
自社の課題と他社の課題をぶつける

　本来、仕事は、自社だけでなく、さまざまな会社と協力しながら取り組んでいるのに、トレードオフを解決しなければいけないときは、なぜか自社だけで何とかしようとしてしまいます。

　もちろん、自社だけで取り組める方法で解決できるのであれば、そのほうがラクでしょう。自社の判断だけで実施できるため、行動の自由度は高いわけですから。しかし、それでは新しい提案、提案性を作ることはできません。

　もしかしたら、「ほかの会社の人を動かすことで関係各所に迷惑をかけてしまう……」「こんなことのために動いてくれるわけない」などと思い込んでいないでしょうか。

　そもそも自社の課題と他社の課題は異なるのが当たり前です。お互いのアセットや考えを整理したうえで協業することで、トレードオフを解決することができるのです。

　実際にやってみると、協業する他社にもメリットがあり、WIN-WINの状態を作れることが多いです。特にマーケティングの担当者は、常に新しい打ち手を探していますし、あるいは経営者の方たちも常に良い提携先がないか探していることが多いのです。そうし

た方たちに協業のメリットを整理して話すことで、少なくとも検討していただけるくらいまでは話が進むことが多いです。

視点②　自社の課題と他社の課題をぶつける

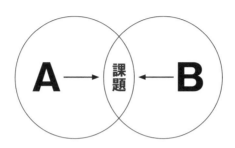

　先ほどのプリンターの事例で言うと、「プリンターを増やしたい」と「中小企業の利用者を増やしたい、そのための新しいアプローチ方法を創出したい」という2社の課題を整理したことで、協業を実現できました。

　このように、「他社と提携することでトレードオフを解決できないか」と思ったら、**「同じような課題を持っている企業はないか」**という視点で、提携先を探してみましょう。

〈視点③〉ターゲットが同じ企業やサービスを見つける

　他社の課題を見つけにくい場合には、ターゲットが同じ企業やサービスを探すのがおすすめです。プリンターの事例においても、課題だけでなく、ターゲットが「中小企業」と重なっていたことも、

協業の実現に大きく寄与しました。

　事業内容やビジネスモデルが重なっている企業だと競合企業となってしまうため、協業をするのは難しくなりますが、**「事業内容やビジネスモデルは異なるが、ターゲットが重なる」という企業であれば協業できる可能性はあります。**

視点③　ターゲットが同じサービスと協業する

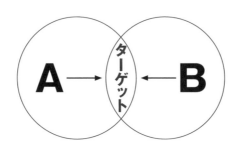

　提携先の見つけ方にはコツがあります。最初に自社のターゲットを洗い出します。

　たとえば、ビールメーカーが「若い社会人に飲んでもらいたい」と考えたとします。もちろん、ほかのビールメーカーも同様のことを考えている場合が多いので、ほかのビールメーカーとの協業は難しいでしょう。

　そこで、「若い社会人」をターゲットとしている他業種の企業を考えてみます。

　たとえば、スーツメーカーはどうでしょうか？　最近、若い社会人がスーツを着る機会が減っているから、もしかしたら「もっと若

い社会人の顧客を獲得したい」と考えているかもしれません。そうであれば、「スーツを着用をしている人にはビールを割引する」などのキャンペーンを一緒に展開できるかもしれません。

　ほかにも、たとえば和菓子メーカーだとしたら、「若者にもっと和菓子のおいしさを知ってもらいたい」と考えているかもしれません。であれば、ビールと合う和菓子のマリアージュを若者に提案するキャンペーンを持ちかけられるでしょう。チョコレートと黒ビールの相性の良さはすでに知られていますが、おはぎと白ビールの組み合わせには新しさがあります。

　このようにターゲットが重なる企業やサービスとの協業を検討することで、予算や業務量の制約を超えて成果をあげる方法が見つかる可能性が高まります。

─── 　トレードオフは、むしろチャンス

　仕事をしていると、トレードオフの状況に追い込まれることは多いでしょう。
　たとえば、「自社と他社の間に挟まれて調整しなければいけない」とか、上司から「目標を達成しろ！　でも、予算はこれだけしかないからな」などと言われるなどは、皆さんにもよくあると思います。

　非常に辛い状況ですが、このような誰もが厳しいと思っている状況をひっくり返すことができれば、あなたの成果となり、成長につながります。トレードオフは、むしろチャンスと捉えるべきなので

す。

　トレードオフに陥っているときの特徴は、**「今、自分はトレードオフの課題を解決しなければいけない」ということを認識しやすいことです。**

　課題はまず、課題として認識しなければ取り組むことができません。なので、まず課題として認識しやすいことはチャンスなのです。

　また、トレードオフが起きている状況は、上司や周りの人や、クライアントから見ても厳しい状況だと認識されていることも多いです。その状況を、自分の頭で考えて乗り越えることができれば、紛れもなくあなたの成果として認めてもらうことができるのです。

　社会人生活を送る中で気づいたのですが、トレードオフに陥ったときに、**他者や他社を巻き込むことでそれを乗り越えようと発想できる人はほとんどいません。なぜならば、自分が何とかできること、目の前にあることでしか人は普通は考えないからです。**

　たとえば、料理人であれば目の前の食材をおいしく調理することしかできませんが、ビジネスは複数人／複数社で複雑に絡み合っており、貸し借りやアライアンス、取引などを組み合わせることで課題を解決することが、むしろ上流の仕事であり、求められる課題解決能力だともいえます。

　それゆえに、意識的にそれができるようになることは、あなたの大きな強み／実績となります。

　トレードオフになっている状況はハードルが高いがゆえに、失敗しても仕方がないともいえます。それであれば大きな試み／企みを持ってトライしてみましょう。

　あなた自身のテーマや、仕事で扱っている商品／サービスにおけるトレードオフについて、次の3点を検討してみましょう。

①トレードオフになっている2つの要素を見つける
②3つ目の変数（要素）を取り入れることができないかを考える
③同じ課題やターゲットを持っている企業を考える

　まずトレードオフになっている2つの要素を見つけることが難しいかもしれません。その場合は、仮の予算と成果を設定してしまい、②③を進めてみましょう。

　②の新しい変数（要素）については、最初に変数になり得るものを洗い出しましょう。基本的にはマーケティングの4P（製品、価格、プロモーション、流通）で考えます。
　たとえば、最初に予算と成果の2つを設定したら、商品、価格、売り方を変えることを検討してみましょう。

　③の同じターゲットを持っている企業を見つけることはそれほど難しくないと思います。見つかったらその企業とどのような協業ができるかを考えてみましょう。

テーマ「   」

トレードオフになっている2つの要素を見つける

3つ目の変数を取り入れることができないか

同じ課題やターゲットを持っている企業を考える

テーマ 「 SNSのアカウント運用サービス 」

トレードオフになっている2つの要素を見つける

● 「価格」と「品質」

Twitter、Instagram、TikTokのSNSアカウント運用は、価格を抑えたいが、良いクオリティで依頼したいという状況があり、トレードオフになっている。

3つ目の変数を取り入れることができないか

● 「内製化(率)」という変数を入れる

どこまでを依頼会社が内製化するのか、外注化するのかという内製化の割合を変数に入れる。具体的には、SNSアカウント運用の作業項目を分割し、どこを内製し、どこを外注化するかを決めることになる。

同じ課題やターゲットを持っている企業を考える

● SNSの運用に使えそうな素材を持っている部署や企業

たとえば、Webサイトの運用や、広報作業などは写真素材を多く持っている可能性があり、それはSNSの運用に活用できる可能性が高い。そのような部署や企業と連携することができれば、トレードオフを解決できる可能性がある。

第10章
「考えること」は
「自分を出すこと」

──── 自分がかかわる意味を作ろう

この章で本書は終わりです。

ここでは、ノウハウ的な話ではなく、スタンスについてお話しします。ここまで「考えること」のノウハウを解説してきましたが、そもそも「考えること」は能動的な行為です。動物の中でも人間の強みである能力です。それを使いこなさないのは、とてももったいないことです。

皆さんの中には、「会社にやらされている仕事だからモチベーションが上がらない」という方もいらっしゃるかもしれません。ですが、そんな状況であっても、自分自身のために「仕事を少しでも能動的なものに変えられないかと考える」ことはとても大切です。

前職時代によく聞いたのが、**「いつも『仕事が面白くない』と言っている人は『自分の仕事を面白くする義務を怠っている』」** という話です。会社から与えられた目の前の仕事を、「自分にとって意味のある仕事」「面白いと思える仕事」にすることは目の前の仕事を進めることと同じくらい重要です。

仕事においては、プロジェクトやクライアントのためになること
が最重要であるのは当然ですが、自分がかかわることでさらなる付
加価値を生み出したり、自分の成果をあげることを目標としたとき
に、そこに「自分の要素」を加えることを意識してみましょう。
　**「自分はどんな仕事をやるべきか?」を考えるときには、「やるべき
こと(責務)」「できること(能力)」「やりたいこと(希望)」の3つ
の要素に分けて考えるといいでしょう。**

　ベストな状態は、3つの要素すべてが重なっている部分の仕事を
することです。しかし、今すぐには難しいかもしれません。
　もし、あなたがまだ若く、経験が不足しているのであれば、「や
るべきこと(責務)」をきちんとこなすことで、経験値を上げながら、
周囲に価値を提供していくようにしましょう。これをやるだけでも
立派な仕事であり、給料をもらうだけの価値があります。

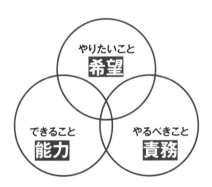

　とはいえ、人生で働く期間は60歳前後で定年を迎えるとしても
約40年、今後は多くの人が60歳以降も働くことになると予想され
ていますから、50年以上働く人も増えるでしょう。
　そう考えたとき、「できること」と「やるべきこと」だけだと、

何十年も走りつづけることはできないでしょうし、どこかの時点で成長が止まってしまうのではないかと思います。

　仕事ごとにある程度グラデーションをつけることにはなりますが、仕事に対して1割から3割程度、「やりたいこと」を入れることで、新しいインプットが求められたり、これまでにないモチベーションで仕事に取り組むことができ、結果として大きな仕事を達成することにつなげられます。そしてその経験は、人生の次のステージの扉を開く実績になっていくのです。

　あまりにも、若いうちから自分のやりたいことを押し通すべきではないと思いますが、**「仕事に慣れてきたな」と感じたら、自分個人として「社会にどんな価値を提供したいのか?」「社会をどのように変えていきたいのか?」を意識しながら仕事をする**ことで、最初は自分のためであっても、それが巡り巡って会社組織や社会に貢献できるようになっていきます。

　自分のやりたいことを持ち、それを仕事に入れ込んでみる――これを意識しましょう。

　仕事における「考えること」に「自分の要素」を入れたほうがよい理由は次の3つです。

①自分が能動的になって推進できる
②企画に熱量が加わるため、人を動かせる
③自分の視座を上げる必要性が生まれる

　自分が「考えること」に意味を持たせ、提案性を持たせるために「自分の要素」を加えることが必要な理由を説明します。

能動的な仕事は推進されていく

　皆さんは、**「立ち上がったプロジェクトが進まない、途中でなくなってしまった」という経験はありませんか?**

　あるいは、クライアントの担当者に提案して「いいですね」となったのに、その後一向に進まずに、立ち消えになってしまったことはないでしょうか?

　私自身、こんな経験をたくさんしてきましたが、おそらくプロジェクト的なものの9割以上は何も成果を出せずに途中で終わってしまうのではないでしょうか。**プロジェクトは立ち上げるよりも、継続させて目標を達成させることのほうが難しいのです。**

　プロジェクトがうまくいかない理由はいくつかありますが、身銭を切る起業家などとは違い、会社員の場合はいつでもやめられる状態にあるということが最も大きいと思います。

　最初は意気揚々とはじまったプロジェクトも、何か問題が起きて止まってしまったり、チームリーダーが忙しすぎて動けなかったり、誰かの横槍が入って暗礁に乗り上げてしまうというのは、よくあることです。

　また、通常の業務ではない新しいプロジェクトは、本格的に資金を投入する前であれば、成果は求められないため、途中で止まってしまっても、あまり問題になりません。

　起業家が身銭を切って取り組んでいるような場合はさておき、たいていのプロジェクトは会社組織として取り組んでいるので、うまくいかなくても個人が深刻なダメージを受けることはほとんどありません。

だからこそ、私はプロジェクトを開始するのであれば、自分のやりたいことを入れ込むことが重要だと考えます。また、**自分だけでなく、参加するほかの人の自己実現につながることも意識する必要あります。** なぜなら、人は自分のためにもなるからこそ、やる気を持って参加してくれ、その結果プロジェクトが止まらずに推進されていくからです。ですので、私は新しいプロジェクトを立ち上げるときに、この意識づけを重視しています。

　私が前職で立ち上げたプロジェクトは、電通とグッドパッチ社とのアライアンスによる、新サービスの開発とブランディング／コミュニケーションプランニングを一気通貫で提供するサービスです。
　私はそれまでの個人的な経験から、「新規サービスを作ることと、そのブランディングや広告活動は同時並行で考えることで、成功の確度を上げられるのではないか？」という仮説を持っていました。
　また、グッドパッチ社も、「新規サービスにかかわっても、そのあとの広告施策には関与しないため、開発だけで関係が終わってしまう。それでは成功するまで責任を持てないのでよくない」という意見を持っていました。

　こうした両社の課題感がマッチしたため、アライアンスに至ったのですが、立ち上げてすぐに案件の問い合わせや実施が決まり、「やはり明確な課題感を持つことで物事は進むのだな」と実感したプロジェクトでした。

本気や熱量に人はついて行く

　ほかの会社の方や部下などから提案を受けた経験がある人ならわかると思いますが、**提案する本人が自信を持っていない提案を聞かされたら、「この人にまかせたい」と思えませんよね。**それどころか「自信がないなら提案しないでほしい」とさえ思うこともあるでしょう。

　もちろん、企画やプロジェクトにはロジックも非常に重要ですが、それ以上に担当者の熱量が重要です。提案された側は、頭では意識していなかったとしても、本人のやる気や熱量で判断していることも多いと思います。

　このような理由から、**私は広告代理店のプランナーとして、常に自信を持って提案することを意識してきました。**自信を持って提案するためには、提案内容を考え抜くことが求められますが、その考え抜いたことが自信につながり、結果、その自信と提案をクライアントに買っていただくことができていたのだと思っています。

　これとは逆に、「ちょっと自信がないなあ……」と心の奥底で思っていたことは本当にうまくいかなかったことがありましたし、そのような事態は事前に避けようと思っていました。

　では、本気や熱量をこめるにはどうしたらいいのでしょうか？
　それは、「自分のやりたいこと」を入れ込むことです。すべての要素に入れ込む必要はなく、1%だけでもいいのです。ただし、「やりたいこと」といっても、"自分の趣味"を入れ込もうというわけではありません。

「自分として新しい試みをしたいから」とか、「今回この人と仕事をしてみたいから」という程度のことでよいのです。そのように**「自分の仕事」にしていくことで、仕事に対する熱量が上がり、それがほかの人に伝わっていく**——その結果、チームメンバーもついてきてくれるし、提案したクライアントにも熱意が伝わるのです。

　私が過去に、いつも以上の熱量を持って取り組んだ仕事は、あるスマホゲームの立ち上げのタイミングでの広告代理店コンペです。予算は20億円。総合代理店4社で競い合います。予算20億円という競合コンペはそう多くはなく、そのときは私がリーダーということもあり、特に力を入れた仕事になりました。

　この案件で特徴的だったのは、「男子高校生の間でこのゲームを流行させたい」というクライアントの要望でした。

　もちろん、私の周りには男子高校生などいません。また、普通の調査会社のパネルなどに聞いても、男子高校生のヒアリングをすることはできません。

　そこで私は、自分の知り合いの方の伝手をたどり、ダンススクールに通っている高校生や大学付属校の高校生20人にヒアリングを実施し、このヒアリングを基に、自信を持って提案ができる戦略を考えました。

　このときは20人にヒアリングしたことで、自信を持てたことが非常に大きかったです。そもそもクライアントも不安だからこそ、競合コンペという形式にしており、課題に一緒に取り組んでくれるパートナーを探している。それであれば、自信を持っている企業を選びたくなるのは人情です。

──── 自分の視座を上げる必要が出て来る

あなたが、仕事に入れ込みたい要素は何でしょうか？

もちろん、最初のうちは「誰かと仕事がしたい」「新しい経験がしたい」ということでよいと思います。ですが、究極的に入れ込んでいきたいのは、「自分は世の中をどう変えていきたいか？」ということです。「企業活動を通じて、理想的な世の中／社会をどう実現していくか？」を考えてほしいのです。

大半の企業は、何かしら社会的価値を提供することで存在しています。あなたが勤める会社も同じです。ですから、あなたの会社が提供する社会的価値の中で、自分が賛同できることを探し、「自分が仕事に入れ込みたいこと」を決めてもよいでしょう。

大きな仕事をするには、多くの人の賛同を得る必要があります。そのため、自分の要素を入れ込もうとするときには、**「世の中をどう変えていきたいか？」「どう変えるべきか？」という視点にまで高めなければなりません。**

そのためには、これまでとは違った本を読んだり、考え方の違う人と会話したりすることで、あなた自身が広い意味での教養を身に付けたり、今よりも世界のことを知ることが必要です。

自分の要素を入れ込むためには自分の視座を上げる。そのために、もっと学ぶ、経験する──そのようなサイクルを意識しましょう。

世の中について学ぶことの重要性

　若いうちは、目の前の業務を学ぶことが成果への近道です。しかし、経験を重ね、役職が上がると、仕事の範囲は自分の目の前だけでなく、部署全体、会社全体へと広がっていきます。仕事で成果を上げれば上げるほど視座を上げる必要が生まれ、そのためには、幅広い教養が必要になります。同様に「考えること」も目の前の仕事から、社会全体のことへと広がっていくのが理想的な変化だと思います。

「社会がどのような変化をしているのか？」「世の中のどこに課題があるのか？」などを把握することで、仕事に対するアプローチが変わってくるのです。

　ここで、私の学びのエピソードをお話ししましょう。

　人材系サービスを展開する企業の経営者の方と話したときのことです。

　私は、現時点での競合やターゲット／ユーザーのことを調べることが多いので、このときもそのような視点での考えをお話しさせていただきました。ところが、**経営者の方は、「そもそも日本における新卒採用が昔からどのように変わってきたのか」「転職市場がどのように変わってきたのか」、そして「変化の過程にある今、何を課題と感じているのか」という、歴史的な背景や流れについて話されたのです。**

　このお話自体が新鮮であったとともに、**「経営者の方と話すときには、業界の歴史まで把握しておかないといけないのだな」**と強烈に意識することになりました。

それ以降、特に経営層の方と仕事する際には、長い時系列でもの
ごとを把握するようにしています。

━━━━━・　ワークシート（216〜217ページ）

　自身のテーマや仕事に対して、「自分がやりたいこと」を３つの
視点から検討してみましょう。

①個人的に実施したいこと
②業界に対して実施したいこと
③社会に対して実施したいこと

　①の「個人的に実施したいこと」は、考えやすいですよね。
　たとえば、「地方にかかわることがしたい」「有名人に会ってみた
い」など、ごく個人的なことでかまいません。
　②の「業界に対して実施したいこと」は、常日頃感じている業界
に対する疑問点などです。たとえば、業界の商慣習や労働環境など
です。
　③の「社会に対して実施したいこと」は、日本規模や地球規模の
どちらで考えても OK ですが、かなり難しいと思います。
　なぜなら、社会や世界のことをすでにある程度知っていたり、何
かしらの問題に興味を持っていなければ「実施したいこと」が出て
来ないからです。
　しかし、社会に対して価値を提供できる仕事は、自分だけでなく
一緒に働く人のやりがいにつながります。最初は難しいかもしれま
せんが、このワークをきっかけに考えてみましょう。

個人的に実施したいこと

業界に対して実施したいこと

社会に対して実施したいこと

個人的に実施したいこと

- 自分が所属している会社の売り上げを達成すること
- かかわるスタッフの成長を重視すること
- 自身がクリエイターとしての活動をすること
- 書籍を出版すること
- 大学で講師をすること

業界に対して実施したいこと

- 広告プロモーション、マーケティング、ブランディングなどの戦略策定において、効率性をもたらすこと
- 新しいマーケティングモデルや考え方を発信すること

社会に対して実施したいこと

- やりたいことがある人の実現を1人でも多くサポートすること(本書籍の目的)
- スタートアップ支援による日本における新産業のサポート、GDPの向上に貢献すること

Interview

（つづく）クリエイティブディレクター

東畑 幸多

自分の心が動いた記憶を
持ち寄る

東畑さんは、若い人に学び方をどのように教えていますか？

基本はコピーを書いてもらって、それを見ながら、広告の構想みたいなことを伝えていくことが多いですね。商品でも、サービスでもいいのですが、「それの良さは何なのか？」ということを、いろいろな切り口で考えてみるのが、コピーの基本なので。
「この商品の良さってこういうことかもしれない」ということを、いろいろな視点から考えてみたり、いろいろな人の立場から考えてみたり、いろいろなインサイトと照らし合わせてみたりということは、コピーを書くうえでの基本動作なんですよね。

良いコンテンツや良い CM を見たときには、「！と♥」が心の中で同時に出るといわれますが、まずはハートマーク（気持ち）からきちんと考えるのが、広告の一番の基礎だと思うんですよね。
だから、商品の良さだったり、ブランドのらしさだったり、「このサービスはこんな人と関係性が作れるな」という、インサイトを考

えたり、ハートマークを考えることがベースになる技術だと思っています。

ハートマークを見つけることって、機能をそのまま言うことではありませんよね。

最初はクライアントにインサイトを中心に聞くのですが、それをそのまま使うのか、そうではないのかというのは、課題設定によって処理の仕方が変わってくるのかなと。

企業広告に近づけば近づくほど、インサイトから得た言葉よりも、企業が持っている歴史だったり、企業の態度や、今の社会が持っているムードから言葉を引き出して、時代とブランドの接点を考えたりします。
一方でプロモーショナルであればあるほど、お客様のインサイトの生っぽい声がすごく効いたりしますよね。

いつも時代とブランドの接点を見つけたいと思っているのですが、難しいなと思います。

元も子もないのですが、時代のインサイトって、僕個人が思っていることに戻って来る。日々生きているときに、自分の中で心に残っている言葉とか、「これはすごく腹落ちするぞ」ということを常に集めていて、それを引っ張り出してくるみたいな行為でしかないのかなと。

具体的にはどのようなやり方が取り組みやすいとかありますか？

いきなり自分の頭の中でアイデアを考えると、面白くないことが多いので、スタッフには「企画ではなくて、記憶を持ち寄ろう」と言っていますね。

たとえば、天然水の仕事が入ったときに、天然水というテーマを持ったうえで、最近、感動したこととか、好きだったこととか、天然水とは全然関係ないかもしれないんだけど、心に残ったエピソードを持ち寄る——そこに何らかのインサイトが入っていたりするような感じです。

逆に、商品にまつわる、ユーザーやファンの声からも、「自分の中にとても心に残った」とか、「腹落ちした」とかというもの集めてくる。このリサーチがけっこう大事なんですよね。

「記憶を持ち寄る」という方法は取り組みやすいですね！

「♥」を考えるというのは、商品の魅力などから、関係性をどう作るかを真剣に考えるということなのですが、その関係性ができただけだと、一方的なコミュニケーションになってしまうので、なかなか話題になりません。

そこで「！＝びっくりさせる」というのが大事になります。
びっくりさせて感動させるでもいいし、面白がらせるでもいいのですが、そのときに、"感動の記憶"みたいなものが、すごく重要になってきます。人に感動してもらったり、面白いと思ってもらうためのヒントは、自分が面白いとか、感動したということの中にあります。これが最短ルートだなと思っています。

僕が一番伝えたいのは、面白かったとか、楽しかったとか、ドキっとしたとか、涙したとか、自分が心が動いた瞬間を覚えておくというか、そのストックを増やしておくことが、企画するときの武器になるということです。それは広告だけでなく、プロダクトやサービスを考えるときもそうです。そのストックの量が多いかどうかが、アマチュアとプロフェッショナルとの差なのかなと思います。事例をたくさん知っている人は多いと思いますが、「自分はその事例になぜ感動したのか？」を分析するクセをつけておくのは、企画力を上げるうえで重要かもしれませんね。

若い人に伝える際に気をつけることはありますか？

僕は、あまりわかりやすく伝えないタイプなんですよ。難しいことは難しいままにきちんと伝えることのほうが教育だなと思っています。

今、「歴史を面白く学ぶコテンラジオ」にハマっているんです。ヘレン・ケラーの回で、目も見えない、耳も聞こえない、言葉すらわからない状態で生まれた彼女が井戸の水を触ったときに「ウォーター」という言葉を知るという有名なエピソードが紹介されました。「ウォーター」という言葉を覚えたときに、まわりの大人たちが、ヘレン・ケラーの手のひらに簡単な言葉を書いて会話しようとするのですが、サリバン先生はそれをやめろと言う。「ちゃんと大人に話しているように書いてやらないとダメだ」と。これがあったからこそ、ヘレン・ケラーはハーバード大学に進学できたのだと思います。

「難しい」「わからない」ということも、大切な情報だと思います。だから、僕は難しいことを難しいまま伝えてもいいのかなと思っています。

大変勉強になりました。ありがとうございました。

Profile
東畑 幸多 (とうはた こうた)

（つづく）クリエイティブディレクター／ CM プランナー
1999 年、電通入社。CM プランナーとして数多くの TVCM を制作。クリエイティブディレクターとして、企業ブランディング、統合キャンペーンなどの全体設計を担当。「ロマンとソロバン」をモットーに、ファンとブランドとの幸福な関係をデザインする。2009 年、クリエイターオブザイヤーを受賞。エグゼクティブ・クリエーティブディレクター職を経て、2021 年電通を退社。2022 年クリエーティブ・ディレクター・コレクティブ（つづく）を設立。

postscript
おわりに

「わかりやすく伝えること」が
自分の力だった

　私は、15 年ほど広告業界にてストラテジックプランナーとして、コミュニケーション戦略やブランド戦略について「考えたこと」をプレゼンしてきました。

　つまり、CM とは異なり**世の中に出ることはない、「考えること」**をずっと仕事にしてきました。

　その中で、**クライアントに評価をいただくときの言葉は決まっていて、「筧さんの言うことはわかりやすい」**でした。

　クライアントのご担当者の中は、マーケティングやコミュニケーションの専門家でない方も多くいらっしゃいます。外部に知見を求めるのはそういった方たちです。
　「わかりやすい」と言われることが増えるにつれて、「考えたこと」をわかりやすく伝えられるのが自分の得意なことだと思えるように

なりました。

　しかし、世の中には、考えたことをわかりやすく伝えることが苦手な人もたくさんいます。得意な人よりも苦手な人のほうが圧倒的多数です。

　それが私がこの本を書いてみようと思った理由です。

─────・「人間は考える葦である」という言葉

　「考えること」をテーマに本を書こうと思ったときに最初に浮かんだのは、パスカルの「人間は考える葦である」という有名な言葉です。

　調べると、パスカルは著書の中で次のように述べているそうです。

　「人間は自然の中では葦のように弱い存在である。しかし、
　人間は頭を使って考えることができる。考える事こそ人間に
　与えられた偉大な力である」
　出典：「今週の朝礼　あんな話　こんな話」
　https://www.nohkai.ne.jp/tyorei/?p=2951

　弱い存在だからこそ考えることが力である。だからこそ考える力を能動的に養わなければいけないのです。

　もちろん、受験勉強などの学習も大事ですし、コンサルティングのように数値で考える能力も重要ですが、それ以上に概念を扱う考える力も重要です。それはロジカルシンキングよりもハードルが低

く、目の前にある仕事に使える考える力です。多くのビジネスパーソンは、まずこの力を身に付ける必要があると思っています。

「考えること」が好きになると、 もっと仕事が好きになる

　私は仕事が好きです。もちろん、これまでに辛いことはたくさんありましたし、「向いていないな」と思うことも何度もありました。

　それでも誰かの真似ではなく、自分で考えたことが、人に伝わり、人に評価されることは、とてもうれしく、自分が社会の一員であることを十分に感じることができました。

　もちろん、仕事が人生のすべてではありません。しかし、仕事に取り組む時間は人生全体のうちで少なからぬ割合を占めているのも事実です。仕事する時間を楽しいと思えるようにすることは、人生を充実させるうえで重要だと思っています。

　そして、**仕事を楽しくするには、 人に言われたことをやるよりも、自分で考えたことをやることです。**
　自分で考えたことを自分でやる、自分で考えたことをチームでやる、自分で考えたことを会社でやる──**仕事を楽しむためには考える力が必要不可欠なのです。**

───── 「考えるスキル」は人生の武器だ

「考えるスキル」は人生を楽しむためのスキルなのです。

　仕事だけでなく、プライベートでも考えるスキルは使えます。家族のコミュニケーションにも、友だちとのイベントにも、町内会の仕組みにも、いろいろなところに考える余地は残されているはずです。そこを自分で考えて発信し、まわりを変えていくことは誰にでもできるはずです。

　自分で考えたことが、まわりの人に、会社の人に、世の中の人に伝わる楽しさを知る人が増えれば、世の中はもっと良くなるはずです。

　この本だけで、「考えること」のすべてを身に付けられるわけではありませんが、その一助になれば幸いです。

───── 最後に

　この本を執筆するにあたり、協力していただいた、眞鍋亮平さん、東畑幸多さん、見市沖さん、杉浦充さん、西賢吾さん、川嶋麻友さん。本当にありがとうございました。

2023 年 2 月　筧 将英

筧 将英 （かけひ まさひで）

ストラテジックプランナー／クリエイティブストラテジスト

1983年愛知県生まれ。名古屋大学工学部、名古屋大学大学院情報科学研究科卒業。

2008年に株式会社電通入社、ストラテジックプランニング職、データマーケティング職を経験。大手クライアントやスタートアップ企業のマーケティング戦略、コミュニケーション戦略の立案を中心として、キャンペーン設計から企画・実施までのディレクションを行なう。

2021年にストラテジーブティック「Base Strategy株式会社」を設立し、代表取締役に就任。同時に広告と芸能のハイブリッドエージェンシーである株式会社FOR YOUの執行役員CMO、株式会社ナンバーナインの社外取締に就任。

主な仕事に、株式会社CAMPFIRE「新CMコミュニケーション戦略策定」、株式会社LegalOn Technologies「CMコミュニケーション戦略策定」、オープンワーク株式会社「社名変更／コミュニケーション戦略策定」、株式会社マネーフォワード「コミュニケーション戦略策定」、株式会社ドワンゴ「ニコニコ動画SNS戦略アドバイザー」などがある。

Twitter https://twitter.com/kakehi_
Facebook https://www.facebook.com/masahide.kakehi/
Base Strategy株式会社 https://andstrategy.co.jp/index.html
株式会社FOR YOU https://foru.co.jp/

「考えるスキル」を武器にする

2023年5月21日　初版発行

著者　　　筧 将英

発行者　　太田 宏
発行所　　フォレスト出版株式会社
　　　　　〒162-0824　東京都新宿区揚場町2-18　白宝ビル7F
　　　　　TEL　03-5229-5750（営業）
　　　　　　　　03-5229-5757（編集）
　　　　　URL　http://www.forestpub.co.jp

印刷・製本　中央精版印刷株式会社

『「考えるスキル」を武器にする』
購入者特典
「考える力を身に付けるためのワークシート」

読者の方に無料

特別プレゼント

著者・筧 将英さんより

本書の各章末に掲載した、「考える力を身に付けるためのワークシート」（PDF ファイル）を用意いたしました。お仕事でアイデアや企画を考えるとき、あるいは問題の解決策を考えるときなどにご活用ください。

特別プレゼントはこちらから無料ダウンロードできます ⬇
https://frstp.jp/kangaeru

※特別プレゼントは Web 上で公開するものであり、小冊子・DVD などをお送りするものではありません。

※上記無料プレゼントのご提供は予告なく終了となる場合がございます。あらかじめご了承ください。